Bibliothèque nationale de France

-

Direction des collections

-

Département Philosophie, Histoire, Science de l'homme

LA
RÉFORME

DU

REGIME PARLEMENTAIRE

PAR

A. de la CROISERIE

PARIS

LIBRAIRIE GUILLAUMIN ET C

Éditeurs du *Journal des Économistes*, de la *Collection des principaux
Économistes*, du *Dictionnaire de l'Économie politique*,
du *Dictionnaire du Commerce et de la Navigation*, etc.

RUE RICHELIEU, 14

1889

LA

RÉFORME

DU

RÉGIME PARLEMENTAIRE

LA
RÉFORME

DU

RÉGIME PARLEMENTAIRE

PAR

A. de la CROISERIE

PARIS

LIBRAIRIE GUILLAUMIN ET Cⁱᵉ

Éditeurs du *Journal des Économistes*, de la *Collection des principaux
Économistes*, du *Dictionnaire de l'Économie politique*,
du *Dictionnaire du Commerce et de la Navigation*, etc.

RUE RICHELIEU, 14

1889

INTRODUCTION

Les attaques récemment dirigées contre le régime parlementaire ont appelé l'attention du pays sur la nécessité d'apporter des réformes à l'organisation des pouvoirs publics.

Ces attaques, malheureusement basées sur des griefs réels reconnus d'ailleurs par les chefs du parti républicain eux-mêmes, ont pu faire craindre un instant que les autoritaires, irréconciliables ennemis des institutions représentatives, l'emporteraient aux dernières élections sur les partisans de la liberté. Le bon sens des électeurs a déjoué les projets des adversaires de la République; mais il ne faut pas que la nouvelle majorité de la Chambre s'endorme dans une fausse sécurité. Le mécontentement qu'a fait naître la mauvaise organisation du gouvernement républicain est, entre les mains de ses ennemis, une arme puissante qu'il importe de briser, car, tant qu'elle restera en leur possession, la lutte continuera plus ardente et plus vive jusqu'au jour où la nation, lasse de l'incapacité ou de l'impuissance de ses élus, déçue dans les espérances qu'avait fait naître l'avènement de la troisième république, se livrera une fois de plus, pieds et poings liés, au maître qui se présentera pour la gouverner.

« La France, a dit Dupont-White (1), n'est jamais en péril de mort et de dissolution; elle fera ou laissera faire une dictature qui est le plus haut point du gouvernement, plutôt que d'être disloquée, plutôt que de tomber en morceaux et de pratiquer une pure anarchie, une pure instabilité. La dictature est regrettable, sans doute, mais tout vaut mieux que les violences d'une guerre civile, avec ses fruits, comme le démembrement et le fédéralisme, ou que la domination d'un parti, infiniment pire que celle d'un homme. »

Loin de croire, comme on l'a soutenu dans les journaux du parti républicain, que le corps électoral vient d'affirmer à jamais sa volonté de maintenir la République dans sa forme actuelle, nous pensons qu'il vient tout simplement de lui accorder un dernier crédit. Il est facile de prévoir, en effet, en constatant l'écart qui tous les quatre ans se raccourcit entre les voix réactionnaires et les voix républicaines, que, si la Chambre ne remplit pas le mandat qui lui a été donné de consolider le pouvoir et d'accomplir des réformes, la majorité pourrait facilement passer de gauche à droite aux

____

(1) *La Politique actuelle*, Guillaumin et Cⁱᵉ, 1875.

élections de 1893. Or, étant donné les éléments
de cette nouvelle majorité, il est non moins
facile de prévoir que le pays se trouverait fatalement dans la situation indiquée par Dupont-
White, c'est-à-dire dans un état d'anarchie et
de décomposition qui, pour ne pas périr, l'obli-
gerait à se jeter dans les bras d'un dictateur.

Il importe donc au plus haut degré d'éviter
ce redoutable danger en corrigeant les abus du
régime parlementaire, afin qu'il puisse donner
à la France les mêmes avantages qu'il assure
aux peuples libres, c'est-à-dire la stabilité gouvernementale, le respect de tous les droits et la
garantie de toutes les libertés.

Les moyens que nous proposons pour mettre
nos institutions représentatives à la hauteur
de celles des nations qui nous environnent, ont
été puisés dans une étude consciencieuse des
constitutions étrangères qui, presque sans exception, sont basées sur une sage application
des principes de 1789. Notre devoir, nos intérêts, la sécurité de la France, l'avenir de la
République, tout nous commande de reprendre
nos propres traditions, et de faire triompher
les véritables principes du libéralisme, qui ont
toujours été et sont encore ceux de l'immense
majorité des Français.

L'étude que nous livrons au public est loin
d'être complète : aussi n'avons-nous pas la prétention de croire qu'elle portera la conviction
dans l'esprit de ceux qui, de bonne foi, croient
que le mal dont souffre le pays peut être guéri
par une meilleure application des lois constitu-

tionnelles. Notre ambition est plus modeste :
Elle se borne à ouvrir le débat et à provoquer
la discussion sur ces graves matières qui préoc-
cupent tous les républicains sincères et tous les
patriotes éclairés. Cette discussion, nous en
avons la ferme et entière conviction, complètera
la démonstration de cette vérité, que nous
tenons pour évidente, c'est que la réforme de
notre régime parlementaire est une question de
vie ou de mort pour les libertés du pays.

1ᵉʳ Décembre 1889.

PREMIÈRE PARTIE

NÉCESSITÉ DE LA RÉFORME
DU RÉGIME PARLEMENTAIRE

I

DE LA PROCÉDURE PARLEMENTAIRE

La majorité républicaine de la nouvelle Chambre a une grande responsabilité. Le mandat dont elle vient d'être investie l'oblige à faire taire ses préférences, à se montrer plus conciliante avec ses adversaires et à marcher, unie et compacte, dans la voie qui lui est tracée par le corps électoral, c'est-à-dire, en premier lieu, de restituer au Pouvoir exécutif les prérogatives qui, en le rendant indépendant, lui permettent de ne gouverner que dans l'intérêt général du pays, et, en second lieu, d'accomplir les réformes ayant pour objet la réduction des dé-

penses de l'État et la répartition plus équitable
des charges publiques.

Pour l'accomplissement de cette première
partie des vœux du pays nous comptons sur
la sagesse et le patriotisme des nouveaux élus.
Pour la réalisation de la seconde nous crai-
gnons, sans mettre en doute leur bonne volonté, que la procédure actuellement en usage
pour l'examen et la discussion des projets de
loi ne leur permette pas de tenir leurs enga-
gements.

Tous ceux qui, par profession, sont tenus
comme nous d'assister régulièrement aux séances de la Chambre et de suivre de près ses travaux pour en rendre compte dans la presse
quotidienne, ont pu constater que les lenteurs de
cette procédure condamnent à l'avance la plupart des réformes importantes à un avorte-
ment presque inévitable.

Notre éminent confrère, M. Henri Maret,
constatait ainsi, il y a deux ans, l'impuissance
de la Chambre :

« Causez avec un ministre, disait-il dans un
article du *Radical*, interrogez un député quelconque, ne vous contentez pas des intentions,
qui sont toutes bonnes, des paroles, qui toutes
semblent sincères; voyez tous les projets déposés; examinez tous les travaux qui sont en
nombre considérable. Ici, ce sont des commis-

sions qui tiennent séances sur séances : là, ce
sont des groupes qui publient tout un programme ; et, de tous côtés, vous voyez se produire des initiatives individuelles intéressantes,
des hommes qui cherchent, plusieurs qui trouvent. C'est dans cette fourmilière une agitation
incessante. Voici la fournaise, le feu est infernal ;
on y jette charbon sur charbon ; tout gronde,
tout flambe, tout rugit, et l'on attend toujours qu'il sorte quelque chose de l'immense
chaudière, et l'on se demande pourquoi tant de
bruit qui n'aboutit qu'au bruit, tant de mouvement qni ne fait rien mouvoir. »

M. Henry Maret ajoutait qu'il ne pouvait y
avoir de bonnes chambres avec les institutions
qui nous régissent, et il concluait ainsi : « Le
mal est tout entier dans l'organisation qu'on
veut détruire et nous tournons dans ce cercle
vicieux : Il faudrait que cette organisation fût
détruite pour que nous pussions faire quelque
chose, et il faudrait faire quelque chose pour
que cette organisation fût détruite. Nous sommes dans un labyrinthe ; nous pouvons prendre
des chemins différents, mais pas un ne nous
conduit où nous voulons aller. »

Ce *quelque chose* auquel l'auteur des lignes
qui précèdent faisait allusion, c'est la revision
des lois constitutionnelles, c'est-à-dire la réforme
complète de notre régime parlementaire, et il
faudra bien, tôt ou tard, en arriver là pour

sortir du labyrinthe où « personne n'arrive où
il veut aller. »

En attendant, on peut aller au plus pressé en
modifiant les méthodes du travail parlementaire
qui sont mauvaises, ainsi que nous le montrerons
plus loin. On annonce déjà que de nouveaux élus
ont l'intention de réclamer certaines restrictions
au droit d'interpellation dont on a fait un si
scandaleux usage au cours de la précédente
législature. Ce droit appliqué sans mesure a fait
perdre à la Chambre précédente le meilleur de
son temps, et l'abus qu'elle en a fait n'a pas peu
contribué à la rendre impopulaire, mais la
suppression de cet abus ne serait qu'un palliatif
insuffisant. Il faut modifier presque de fond en
comble le règlement de nos assemblées si l'on
veut donner une impulsion plus rapide aux
travaux législatifs. C'est à l'examen de ces
modifications que nous consacrons la seconde
partie de cette étude

RÉFORMES LÉGISLATIVES ET CONSTITUTIONNELLES

A côté des modifications à apporter aux méthodes de travail, faciles à opérer, puisque les chambres sont maîtresses de leur réglement, il est indispensable d'apporter au régime parlementaire d'autres réformes d'une réalisation plus difficile, car elles touchent à nos institutions. Si le parlementarisme, tel qu'il est organisé par les lois de 1875, fonctionne mal, c'est non seulement parce que les méthodes d'examen et de discussion sont déplorablement mauvaises, c'est aussi parce qu'il ne remplit aucune des conditions essentielles qui assurent le jeu régulier des institutions représentatives.

Parmi ces réformes, les unes peuvent être faites par la voie législative ordinaire ; les autres ne peuvent être opérées que par le Congrès.

Dans la première catégorie, nous plaçons en première ligne la substitution du renouvellement partiel de la Chambre au renouvellement

intégral. Cette mesure est jugée depuis longtemps indispensable, aussi bien au point de vue
politique qu'au point de vue de la marche
régulière des travaux parlementaires.

Vient, en seconde ligne, la suppression du
cumul des fonctions électives. Ce cumul, qui
n'est guère autorisé qu'en France, est encore
une cause principale de la lenteur des travaux
législatifs, car il oblige un certain nombre de
députés à négliger fréquemment ces travaux
pour s'occuper des affaires de leur commune ou
de leur département. Ces députés sont tellement
nombreux que la Chambre est obligée, chaque
année, d'interrompre sa session et de laisser en
suspens des affaires souvent importantes pour
leur permettre d'assister aux séances des assemblées départementales.

Ces deux réformes peuvent être introduites
dans la loi organique du 30 novembre 1875 sur
l'élection des députés.

Quant aux autres réformes elles ne peuvent
être opérées, il est vrai, qu'au moyen de la revision des lois constitutionnelles, mais on
aurait tort de s'effrayer de ce mot « revision »
dont on a fait un épouvantail. La revision n'a
d'abord rien d'inquiétant quand elle est faite
par la voie légale. Les réformes qu'il s'agit
d'introduire dans la constitution sont ensuite si
nécessaires, elles ont un tel caractère d'urgence,
qu'on ne peut reculer devant leur réalisation

immédiate. Lorsque les deux assemblées auront reconnu séparément la nécessité de ces réformes et qu'elles en auront adopté le principe, quel danger voit-on à ce qu'elles se réunissent en congrès pour leur donner la sanction constitutionnelle ? Est-ce que la réunion en congrès de la Chambre et du Sénat, faite dans des conditions identiques en 1884, a fait naître la moindre inquiétude ?

III

DE LA DÉCENTRALISATION

La plus importante des réformes à opérer
par voie de revision des lois constitutionnelles
est la décentralisation administrative.

L'organisation anti-démocratique de l'an VIII
est considérée par les publicistes les plus éminents comme absolument incompatible avec le
régime parlementaire. La plupart d'entre eux,
et non les moins autorisés, n'hésitent pas à
attribuer, comme cause principale, la chute des
gouvernements représentatifs qui ont été essayés
en France depuis 1815 au maintien des institutions administratives du premier Consul.

Il est une vérité qui n'est plus méconnue qu'en
France, c'est que la centralisation est la néga-
tion de la liberté. Elle a été cependant proclamée
dans tous les pays où l'on a reconnu la nécessité d'établir une constitution, c'est-à-dire par
tous les gouvernements qui ont été inaugurés

sur les bases du régime représentatif. Les libertés communales et provinciales les plus étendues ont été reconnues nécessaires pour assurer, d'une part, le fonctionnement régulier du
pouvoir central et pour donner, d'autre part, un
aliment à l'activité des citoyens et les préparer
à la vie publique par l'administration de leurs
intérêts les plus immédiats.

L'opinion qui paraît dominer en France, c'est
que la centralisation est nécessaire à l'unité politique et que c'est l'une des plus belles conquê-
tes de la Révolution. On est imbu de cette
fausse idée que la décentralisation désorgani-
serait l'administration du pays et qu'elle le con-
duirait au fédéralisme.

Ce sont des erreurs qu'il importe de dissiper.
L'expérience a démontré que, loin d'affaiblir
l'action du pouvoir central, la décentralisation
lui donne au contraire toute sa force, car, débarrassé de la conduite de mille affaires qu'il
dirige mal et qui seraient traitées beaucoup
mieux et plus rapidement par les assemblées
locales ou provinciales, le gouvernement n'a
plus à s'occuper que de la direction des grands
intérêts du pays. Qu'on prenne la peine de jeter
les yeux sur les institutions politiques de
presque toutes les nations européennes, on
verra que c'est dans les pays où la décentralisation administrative a été poussée jusqu'à ses
dernières limites que l'unité politique est la

plus complète, l'action gouvernementale la plus
active et la plus forte.

Comment veut-on que le pouvoir exécutif
puisse tout voir, tout examiner, tout conduire,
les affaires des particuliers comme celles des
communes, celles des départements en même
temps que celles de l'État? Au milieu de cette
innombrable quantité d'affaires, n'est-il pas forcément amené à négliger ses fonctions essentielles qui consistent dans la défense des intérêts généraux du pays? Ajoutons à cela que les
ministres arrivant au pouvoir sans la moindre
notion des affaires qu'ils sont appelés à diriger,
et leur existence éphémère ne leur permettant
ni de les apprendre, ni de s'y intéresser, c'est,
en fin de compte, la bureaucratie qui administre
et gouverne à leur place. De sorte que si
Louis XIV a pu dire autrefois : « l'État, c'est
moi, » l'État, aujourd'hui, c'est la bureaucratie.
Le trône du Roi-Soleil est remplacé par un rond
de cuir.

Un écrivain belge, M. Adolphe Prins, a cons-
taté cette inévitable conséquence dans les
termes suivants (1) :

« Un peuple possédant à la fois la liberté et
la centralisation, s'il a en même temps le suffrage universel, ne peut être gouverné d'en haut

(1) *La Démocratie et le régime parlementaire*, Guillaumin et Cⁱᵉ.

nt se gouverner lui-même. Il n'est plus gouverné que par la bureaucratie, le pire de tous les gouvernements. »

Le même écrivain ajoute encore, en parlant de nos institutions, « qu'avec la centralisation les citoyens sont tous égaux, cela est vrai, mais tous également impuissants. Ils sont tous libres, mais totalement incapables de se servir de la liberté. Au lieu d'un faisceau résistant de collectivités, il n'y a qu'une agglomération d'individus sans lien, sans cohésion, sans attache avec un centre quelconque. Ils ont le pouvoir de tout critiquer, ils sont incapables de rien créer. C'est le chaos, le néant, l'impuissance. »

La décentralisation ne serait qu'un retour à l'application des principes de 1789. La Constituante eut en effet la gloire de restituer aux communes les droits qui leur avaient été confisqués par la royauté et, suivant Henrion de Pansey, la loi du 14 décembre 1789, qui leur rendait ces droits, était *la plus sage et la plus méditée de toutes celles que nous devons à l'Assemblée constituante.*

Cette loi restituait aux communes : 1° l'administration des droits et revenus communs; 2° le vote des dépenses et des impositions locales; 3° la voirie communale et les travaux publics à la charge de la communauté; 4° la police municipale, c'est-à-dire le droit de faire des règlements, surtout en ce qui concerne la

propreté, la salubrité, la sûreté et la tranquil-
lité des rues et lieux publics ; le droit de faire
exécuter ces règlements par des agents municipaux, soutenus au besoin par une justice municipale, ou tribunal de simple police. Cette déter-
mination des attributions municipales a été
adoptée partout, notamment en Belgique, où la
loi municipale a été calquée sur notre loi du
14 décembre 1789, avec quelques modifications
suggérées par l'expérience. Les lois communales
et provinciales de nos voisins devraient nous
servir de modèles, car elles sont l'expression
fidèle des principes de l'Assemblée constituante. Elles concilient admirablement les libertés
communales et provinciales avec les exigences
d'un bon gouvernement, en rattachant les administrations locales à l'administration centrale,
en exigeant l'autorisation du pouvoir exécutif ou
de la députation permanente des assemblées
provinciales pour certains actes strictement
déterminés, autorisation qui n'a d'autre but que
de veiller à la sauvegarde des intérêts privés et
généraux, ainsi qu'à la stricte exécution des
lois.

Lamennais a dit qu'avec la centralisation, on
avait l'apoplexie au centre et la paralysie à
l'extrémité. Or, n'oublions pas qu'en politique,
la paralysie, c'est l'impuissance ; que l'apoplexie, c'est la révolution, et l'on comprendra
ainsi la cause de l'instabilité gouvernementale

qui, en maintenant le pays dans un état révo-
lutionnaire, porte un si grand préjudice à ses
intérêts.

La centralisation, si l'on ne s'empresse de détruire ce legs funeste de Bonaparte, conduira
fatalement la République actuelle dans la même
tombe que celle de 1848. Interrogé en 1852 par
lord John Russell sur les motifs qui l'avaient
porté à souscrire au coup d'État du deux décembre, lord Palmerston répondit : « L'existence d'une républque, dans un pays aussi cen-
tralisé que la France, m'a paru toujours quelque
chose d'absolument chimérique et irréalisable.
*La constitution de 1848 aurait dû s'appeler la
dissolution.* »

Qu'on y réfléchisse bien. La démocratie française n'a pas de problème plus important à
résoudre que celui de la décentralisation. De sa
solution dépend le maintien de la République,
car aucune des réformes renfermées dans le
programme des républicains n'est réalisable
qu'à cette condition.

IV

DE LA SÉPARATION DES POUVOIRS

Il est une autre vérité qui n'a plus besoin d'être démontrée, c'est que la séparation des pouvoirs est la base fondamentale du gouvernement représentatif.

Pour que la société politique réponde à son but trois prérogatives, en effet, lui sont indispensables : Elle doit fixer les règles destinées à régir l'association, posséder en outre l'autorité nécessaire pour faire observer ces règles, et, enfin, elle doit être mise en état de punir les délits et de vider les conflits qui peuvent surgir entre les intérêts privés par l'application des lois qu'elle a établies. En d'autres termes, la société doit posséder essentiellement le pouvoir *législatif*, le pouvoir *exécutif* et le pouvoir *judiciaire*.

On comprend que ces pouvoirs ne peuvent fonctionner régulièrement dans les limites de leurs attributions qu'à deux conditions essentielles : 1° de tracer entre eux une ligne de

démarcation qu'ils ne puissent franchir ; 2° de
garantir à chacun d'eux une indépendance égale
et des droits égaux. En les contenant l'un par
l'autre, on équilibre les forces sociales, tout en
donnant à la nation les garanties qui lui sont
indispensables.

C'est d'après ces principes et sur ces bases que
le régime parlementaire a été établi dans tous
les pays libres, et c'est parce que nous n'avons
jamais observé ces règles que ce régime a toujours donné en France de mauvais résultats.

De tous ceux qui ont été essayés, le pire de
tous est, sans contredit, celui qui a été organisé
par les lois de 1875. Ces lois ont si mal déterminé
les limites qui séparent le pouvoir législatif de
l'exécutif, qu'en fait ces pouvoirs sont presque
entièrement concentrés entre les mains des
représentants du pays. Il n'y a donc, en réalité,
qu'un pouvoir, le pouvoir législatif, car le président de la République n'exerce guère d'autres
fonctions que celles qui consistent à recevoir les
ambassadeurs et à promulguer les lois. Il n'a
aucune indépendance. Quant au pouvoir judiciaire, il n'en a jamais été question : les juges
ne sont que de simples fonctionnaires.

On ne saurait mieux comparer le régime
parlementaire qu'à une machine compliquée et
très délicate dont les rouages, ingénieusement
combinés, doivent être établis d'après des lois
fixes. Si l'on viole ces lois ou si l'on fausse ces

rouages, il ne faut pas s'étonner que la machine
marche mal ou cesse de fonctionner. En obser-
vant les lois reconnues indispensables au fonctionnement normal et régulier du régime représentatif, on assurera à nos institutions la stabilité
qui leur manque, et la République sera fondée
sur des assises inébranlables.

V

INCONSÉQUENCE DES CHEFS DU PARTI RÉPUBLICAIN

Ce qui nous a toujours causé une pénible surprise c'est de voir que, parmi les hommes d'un savoir réel et d'une intelligence remarquable qui ont tour à tour dirigé les affaires du pays, aucun d'eux ne possède les véritables notions des institutions qui conviennent à un pays libre.

Deux hommes, notamment, M. Léon Say, qui va devenir le chef du centre gauche dans la nouvelle Chambre, et M. Jules Ferry, qui était le chef du parti républicain modéré dans l'ancienne, ont signalé les vices du régime parlementaire actuel sans avoir conscience des remèdes que l'expérience commande d'y apporter.

Le premier, expliquant le programme du parti libéral, s'exprimait en ces termes :

« Le pays est las de la politique de groupes et de couloirs, du gouvernement personnel des députés, de l'affaiblissement du pouvoir exécu-

tif systématiquement poursuivi par un parti
dont le but est de faire servir les lois à la satis-
faction de ses passions sectaires, de l'incessante
agitation et de la permanence des Chambres
dont les sessions extraordinaires sont devenues
la règle au lieu d'être restées l'exception.

« Il faut réformer des mœurs politiques qui,
en faussant la Constitution de 1875 et en PARO-
DIANT LE GOUVERNEMENT PARLEMENTAIRE, ont
si malheureusement fatigué le pays. »

Écoutons maintenant M. Jules Ferry, parlant
aux membres de l'association républicaine réunis dans un banquet à l'Hôtel Continental :

« Le pays veut autre chose, s'écriait-il, ah!
il a bien raison! Eh bien! essayez de lui montrer une majorté de gouvernement véritable-
ment compacte, sage et disciplinée; une Chambre de députés qui n'ait pas l'intention d'ATTIRER
A ELLE TOUS LES POUVOIRS, judiciaire, administratif, financier, et de se conduire comme une
véritable Convention sous un régime constitutionnel *qui repose sur la collaboration des deux
Chambres.* Montrez-lui des députés qui admi-
nistrent moins et qui légifèrent davantage; des
préfets dont l'autorité ne soit pas incessamment
diminuée par des intrusions indiscrètes; un
Sénat moins modeste et un Pouvoir exécutif
plus fort, et le pays aura l'autre chose qu'il
désire. »

Sans nous arrêter à signaler les hérésies

constitutionnelles dont fourmille le discours de
l'ancien député de Saint-Dié, telles que celle
d'un régime constitutionnel reposant *sur la
collaboration de deux Chambres*, et celle des
pouvoirs *administratif et financier*, nous demandons à M. Jules Ferry et à M. Léon Say
comment, après avoir si énergiquement signalé
les abus du régime actuel, ces deux hommes
d'Etat s'y prendront pour les corriger sans
reviser les lois constitutionnelles?

Ils croient — et il faut que cette illusion soit
bien enracinée dans leur esprit pour l'avoir con-
servée après avoir exercé le pouvoir — que, sur
leurs objurgations, un miracle va s'opérer;
que, subitement assagis, les députés vont se
renfermer strictement dans l'exercice de leur
mandat législatif; qu'ils ne se mêleront plus de
l'administration, ne feront plus déplacer de
préfets, ne solliciteront plus d'emplois, ne ren-
verseront plus de ministères, ne se mêleront
plus de la justice, n'empiéteront plus enfin sur
les attributions du pouvoir exécutif et rendront
à celui-ci sa complète indépendance? Tant de
confiance — nous allions presque dire de
candeur — chez ces hommes d'Etat est bien
faite pour nous confondre. Quand on a été au
pouvoir, on doit mieux connaître les hommes
et, quand on les a vus de si près, les mieux ap-
précier. Ceux qui les ont vus à l'œuvre et les
connaissent estiment qu'il vaut mieux compter

sur des moyens qui obligent chacun à rester
dans son rôle et à ne pas sortir de la sphère de
ses attributions. Or, qu'on étudie à l'étranger
l'organisation et le fonctionnement du système
représentatif, on verra que ce système est basé
sur la séparation des pouvoirs, exécutif, législatif et judiciaire et que l'exercice de leurs attributions, nettement déterminées par la Constitution, ne peut jamais faire naître de conflits.
On constatera en outre, avec une certaine surprise, une triste vérité qui a déjà été constatée
par Proudhon, il y a bientôt trente ans et qui,
depuis, n'a malheureusement pas cessé d'être
une vérité, c'est que les principes de 1789 ont
été appliqués partout excepté en France où ils
ont été proclamés. « Vainqueurs des rois disait-
il [1], il a fallu une croisade des nations pour
nous ramener à nos propres principes ; refoulés
par cette même révolution que nous avions dé-
chaînée sur le monde, nous sommes rentrés
dans nos foyers sans la moindre intelligence de
notre œuvre ; nous avons laissé déchirer notre
pacte comme une vieille cocarde et nous sommes rentrés fruits secs. Tandis que les nations
émancipées par nos armes grandissent à l'om-
bre des libertés que nous leur avons faites
mécontents de nous-mêmes et des autres, nous
en sommes à déclamer contre les traités de 1815.

[1] Actes du futur Congrès.

rêvant de la frontière du Rhin et de la revanche de Waterloo... »

En dépit de la chute du deuxième empire et malgré l'avènement de la troisième république, nous sommes peut-être encore plus «fruits secs» qu'à l'époque où Proudhon écrivait ces lignes. Or, il faut le dire bien haut, il nous paraît que, un siècle après la révolution qui a donné aux peuples leur émancipation, il est temps de mettre un terme à l'état d'infériorité dans laquelle la France se trouve vis-à-vis des autres nations, et de jouir à notre tour des libertés que nous leur avons faites. Les Chambres qui accompliront cette œuvre de salut public et de pacification sociale auront bien mérité de la reconnaissance du pays.

DEUXIÈME PARTIE

DE LA PROCÉDURE PARLEMENTAIRE

I

DES BUREAUX

Il n'y a que ceux qui sont au courant des pratiques parlementaires qui peuvent avoir une idée exacte des formalités et des paperasses que nécessitent l'examen et le vote d'un projet de loi, et, notamment, d'une proposition émanant de l'initiative d'un simple député. Or, on sait avec quelle déplorable facilité nos honorables abusent de la faculté qui leur est accordée de présenter individuellement soit des propositions de loi, soit des amendements ou des demandes d'interpellation dans le but, cinq fois au moins sur dix, de se signaler à l'attention de leur

Comité, c'est-à-dire de se faire une réclame électorale.

C'est à l'examen et la discussion de ces propositions, amendements ou interpellations, que la Chambre perd le meilleur de son temps.

Pour mettre fin à ces abus, il suffit d'exiger d'abord que les propositions émanant de l'initiative parlementaire soient déposées par écrit et revêtues d'un certain nombre de signatures, puis renvoyées à l'examen des bureaux, en donnant à ceux-ci des attributions plus étendues que celles qu'ils possèdent aujourd'hui, et semblables à celles qui leur sont dévolues dans les assemblées étrangères.

Ces attributions consistent principalement dans l'examen et la discussion de tous les projets, propositions, amendements ou demandes d'interpellations dont la Chambre est saisie, à moins qu'elle ait décidé de nommer une commission spéciale. Après avoir discuté, chaque bureau émet son vote et nomme un rapporteur à la majorité absolue des votants, et les rapporteurs sont réunis ensuite en commission centrale sous la présidence du président de la Chambre ou d'un vice-président. La commission centrale, s'inspirant des opinions manifestées dans les bureaux, nomme à son tour un de ses membres pour faire le rapport à l'Assemblée. Ce rapport contient, outre l'analyse des délibérations et des décisions des bureaux

et de la commission, des conclusions motivées.
Il est imprimé et distribué au moins deux jours
avant la discussion générale, sauf le cas où la
Chambre en décide autrement.

On comprend la supériorité de cette procédure
sur celle qui est en usage au Palais-Bourbon.
Elle a pour principal avantage d'obliger tous
les députés indistinctement à discuter préalablement dans les bureaux, ou d'assister à la
discussion de presque toutes les questions sur
lesquelles ils auront bientôt à se prononcer
définitivement en assemblée générale, de sorte
que chacun d'eux, à ce moment, a une connaissance exacte de l'objet sur lequel il est appelé
à émettre son vote. Elle a, en outre, l'avantage
d'abréger les interminables délais que les commissions actuelles apportent dans le dépôt de
leurs rapports. Enfin la commission centrale
ne peut jamais s'égarer et se trouver en désaccord avec la majorité de l'assemblée, puisque,
par les discussions qui ont eu lieu dans les
bureaux et les votes que ceux-ci ont émis, elle
ne peut conclure que dans le sens de cette majorité. Il y a dans l'emploi de ce système une
double économie de temps. Le travail prépara-
toire est beaucoup plus rapide, car les bureaux
n'éternisent pas les discussions ainsi que le
font les commissions spéciales. D'autre part,
la discussion en assemblée générale est moins
longue, et le cas est fort rare d'une suspension

de débat par suite de désaccord entre la majorité et la commission centrale, ainsi que cela
arrive si fréquemment avec le système actuellement en usage dans nos assemblées. Qu'arrive-
t-il, en effet, dans la pratique de ce système ?

L'auteur des articles récemment publiés dans
le *Temps* sur la réforme de la procédure va nous
le dire. Il constate d'abord les conditions déplorables dans lesquelles sont nommées les commissions, l'incohérence de leurs délibérations
résultant de l'absence d'indications sur l'opinion de la majorité et les interminables délais
qui naissent de cette incertitude. Lorsque le
rapport est enfin déposé, s'il n'y a point d'interpellations ou d'autres obstacles, il est mis à
l'ordre du jour.

« Quelques semaines encore, dit le corres-
pondant du *Temps*, et vient la discussion publique. Mais alors éclate à tous les yeux l'immense malentendu que cache cette procédure :
tantôt des objections sont, pour la première
fois, formulées contre le projet et la commission, toute surprise de se heurter à la contra-
diction, suspend elle-même le débat pour compléter ses études; tantôt le désaccord est plus
grand, plus profond; la commission a travaillé
dans un sens, tandis que la Chambre voulait
aller dans un autre: l'œuvre entière s'écroule
alors, et tout est à recommencer. Si la commission est aigrie par les critiques dont elle a

été l'objet, elle se retire ; si elle est conciliante, elle demeure, reprend sa toile de Pénélope et, pour marquer sa bonne humeur, accueille les amendements d'où qu'ils viennent sans se préoccuper de savoir s'ils cadrent les uns avec les autres.

« Tel est le mal. »

On trouve dans les lignes ci-dessus les motifs principaux de la stérilité des travaux de la Chambre.

II

DE L'INITIATIVE PARLEMENTAIRE

La division si logique et si naturelle du travail parlementaire entre les bureaux, non tirés au sort mensuellement, mais formés une fois pour toute la session et renfermant un nombre de membres proportionnels pris dans chaque fraction de la Chambre, a encore un autre avantage, celui d'amener la suppression des commissions d'initiative, autre source de retards et de travaux inutiles. On sait, en effet, que les membres de ces commissions, par esprit de camaraderie, statuent généralement pour la prise en considération des propositions de leurs collègues. L'Assemblée à son tour, animée du même esprit, vote également cette prise en considération et la proposition est renvoyée à une commission qu'il faut nommer. Au bout d'un ou deux ans, cette commission dépose un rapport qui vient augmenter inutilement le nombre de ceux qui figurent déjà à l'ordre du jour, car la plupart d'entre eux ne sont jamais discutés.

C'est encore l'organisation des bureaux en petites assemblées délibérantes qui donne les moyens de statuer rapidement, et sans perte de temps, sur les propositions dues à l'initiative parlementaire. Les propositions qui ont été signées par plusieurs membres et déposées sur le bureau de la chambre leur sont immédiatement renvoyées.

Si quatre bureaux, par exemple, sur onze, sont d'avis que la proposition doit être développée, le président de la Chambre, après avoir reçu communication de l'opinion des autres bureaux, fait donner lecture de la proposition suivant l'ordre dans lequel elle a été déposée, et il invite son auteur à proposer le jour où il désire être entendu.

Si la proposition est appuyée, la discussion est ouverte, et le président consulte la Chambre sur la prise en considération, si elle l'ajourne ou si elle déclare qu'il n'y a pas lieu à délibérer.

Si la Chambre décide qu'elle prend la proposition en considération, cette proposition est renvoyée à une Commission ou à chacun des bureaux qui la discutent et en font un rapport.

Cette procédure est très rapide, car elle supprime le rapport de la commission d'initiative et les délais qui en résultent. D'autre part, les bureaux doivent statuer dans leur plus prochaine

séance, et la proposition doit être développée,
s'il y a lieu, à la séance qui suit la communication qui leur en a été faite. Le terrain parlementaire se trouve ainsi déblayé de toutes les
propositions peu sérieuses, inutiles ou mal
étudiées, et les députés ne sont pas obligés de
gaspiller leur temps en discussions stériles qui
retardent le vote de projets importants. C'est
ainsi que les Parlements anglais et belges, notamment, ont très sagement réglé la procédure
de l'initiative. Ils ne laissent arriver au grand
jour de la publicité que les projets acceptés par
les bureaux.

III

DES COMMISSIONS

Quoique les bureaux, d'après la procédure que nous venons d'indiquer, remplacent les commissions, ils ne sont pas exclusivement chargés de préparer tous les travaux parlementaires. Ils nomment des commissions sur des projets qui exigent une plus longue étude ou qui touchent à des questions spéciales. Dans ce cas, les bureaux choisissent parmi leurs membres ceux qui ont des connaissances techniques sur les matières qui font l'objet du projet à examiner.

En Belgique, les sections (bureaux), pour l'examen du budget de l'État, nomment chacune trois rapporteurs. Après avoir discuté le projet du Gouvernement, ces rapporteurs, auxquels on adjoint les deux vice-présidents de la Chambre, se réunissent en section centrale sous la présidence du président de la Chambre.

La section centrale, ainsi composée, nomme

ceux de ses membres qui sont chargés de faire le rapport à la Chambre et toutes les demandes de crédits supplémentaires ou extraordinaires sont toujours renvoyés à cette section.

Au début de chaque session, la Chambre nomme en outre deux commissions permanentes : une pour les finances et les comptes, l'autre pour l'agriculture, l'industrie et le commerce.

Ces commissions fournissent à la Chambre tous les renseignements qu'elle les charge de recueillir sur une proposition, d'examiner les propositions que la Chambre leur renvoie, et de présenter des conclusions motivées sur ces propositions; enfin de préparer des projets de résolution, s'il y a lieu, sur les pétitions importantes que la Chambre juge à propos de leur envoyer.

Non seulement notre Chambre ferait bien d'introduire dans son règlement un système analogue, mais, à l'exemple de beaucoup d'assemblées étrangères, elle pourrait le compléter en créant d'autres commissions permanentes pour les travaux publics, par exemple, pour la législation, etc. Elle assurerait par ce moyen l'étude complète et rapide des questions spéciales qui exigent, de la part de ceux qui sont chargés de leur donner une solution, des connaissances particulières.

IV

DES ABSENCES

Une des causes principales des retards que
subissent la préparation et le vote des projets
de loi vient de la facilité déplorable qui est
laissée aux députés de s'absenter. C'est à ce
point qu'un assez grand nombre d'entre eux,
sans prendre la peine de solliciter des congés,
n'assistent que très irrégulièrement aux séances
du Palais-Bourbon.

Il y en a même quelques-uns qu'on n'y voit
jamais.

Pour obliger les députés à suivre régulièrement les travaux des bureaux ou des commissions et d'assister aux assemblées générales,
d'excellentes mesures sont prescrites dans les
autres pays, soit par la Constitution, soit par
le règlement intérieur des Chambres.

En Belgique, l'article 13 du règlement de la
Chambre des représentants est ainsi conçu :

« Une liste de présence est mise une demi-heure avant la séance à la disposition des membres pour être signée par eux.

« A l'heure fixée pour la séance, le président prend connaissance de cette liste ; il peut, soit ouvrir immédiatement la séance, soit faire procéder à l'appel nominal des membres qui n'ont point signé la liste de présence.

« Il n'y a point de réappel, mais le président invite les membres qui seraient présents avant la clôture de l'appel et qui n'ont point répondu, à se faire inscrire.

« Si l'on n'est pas en nombre, le président déclare qu'il n'y a pas séance et fixe la prochaine séance à l'un des qnatre jours suivants.

« La liste des membres présents est portée au procès-verbal. Si la Chambre n'est pas en nombre, la liste des membres présents et des membres absents est insérée aux *Annales parlementaires* ; elle est suivie de l'indication des membres qui ont déclaré être absents pour cause de maladie »

Cette obligation de signer une liste de présence paraîtra sans doute excessive à nos députés, si habitués à prendre leurs aises et à ne siéger que quand il leur plait. Elle n'est cependant que la sanction de la règle généralement admise qu'aucune assemblée ne peut prendre de résolution qu'autant que la majorité de ses membres est réunie. Il est évident qu'une minorité ne peut valablement délibérer ; aussi, la plupart des constitutions étrangères exigent, pour la validité des votes, que la majorité absolue du nombre légal des représentants prenne part à la délibération. C'est pour obéir à cette règle que le président de l'Assemblée est obligé de lever la séance quand cette majorité n'est pas réunie.

Certaines constitutions sont encore plus exigeantes. L'article 175 de la Constitution du Wurtemberg veut que la seconde Chambre ne puisse prendre de délibération valable qu'autant que les deux tiers de ses membres soient réunis.

Il n'est fait d'exception à la règle qui exige la présence de la majorité absolue qu'au parlement anglais. La Chambre des communes, qui compte 658 membres, — 84 de plus que notre Chambre des députés, — peut valablement délibérer lorsque quarante de ses membres sont présents ; mais il y a un correctif à cette exception. Les congés réguliers n'existent pas et, pour faciliter l'abence, l'usage s'est établi du *pairing*, ou entente entre deux députés appartenant à des partis différents qui s'engagent à ne voter ni l'un ni l'autre. Les membres de la Chambre des communes ne reçoivent, d'ailleurs, aucune indemnité.

V

DU MODE DE VOTATION

Il existe un autre moyen d'obliger les députés à prendre part régulièrement aux travaux de la Chambre : c'est le mode de votation. Celui qui est généralement en usage, impose aux membres des Assemblées l'obligation d'exercer le droit de vote *en personne*. Cette obligation est prescrite d'une manière formelle dans presque toutes les constitutions.

En Angleterre, les votes ont lieu par *oui* ou par *non*, à haute voix. Ils se font aussi par la sortie de tous les membres qui se rendent dans deux couloirs intérieurs par des portes spéciales. Le *speaker* (président) ne vote qu'en cas de partage. A la Chambre des lords, les pairs peuvent voter par procuration, et les adversaires de la motion sortent seuls de la salle.

En Suède, en Portugal, en Roumanie, en Autriche, dans tous les petits Etats de l'Allemagne, dans les Pays-Bas, etc., le scrutin est nominal sur l'ensemble des lois.

Les votes sont ainsi réglés à la Chambre des représentants belges.

« Art. 27. — Sauf les votes sur l'ensemble des lois qui a toujours lieu par appel nominal et à haute voix, la Chambre exprime son opinion par assis et levé, à moins que cinq membres ne demandent le vote par appel nominal et à haute voix... »

« Art. 29. — Tout membre qui, présent dans la Chambre lorsque la question est mise aux voix, s'abstient de voter, sera invité par le président, après l'appel nominal, à faire connaître les motifs qui l'engagent à ne pas prendre part au vote. »

L'introduction de dispositions analogues dans le règlement de la Chambre serait le plus sûr moyen d'obliger les députés à assister régulièrement aux séances.

Nous devons ajouter que, dans certains pays, la déchéance d'un représentant peut être prononcée après un certain nombre d'absences constatées dans un laps de temps déterminé, et cette disposition est juste. Il est impossible d'admettre que des circonscriptions électorales ne soient presque jamais représentées qu'aux séances extraordinaires où se discutent des questions qui ont seules le don de passionner nos honorables. La salle du Palais-Bourbon

est toujours aux trois quarts vide lorsqu'on n'y
discute que des lois d'affaires. Quant aux commissions ou réunions dans les bureaux, il est
rare d'y voir plus de la moitié des membres qui
les composent et sans la facilité qui est laissée
aux députés de faire voter leurs collègues pour
eux en leur absence, rarement le *quorum* nécessaire à la validation des votes serait obtenu.
Il est temps de faire cesser cet usage indigne
d'une assemblée ainsi que les scandales auxquels il a donné lieu. Le député ne doit pas ou-
blier qu'il a sollicité le mandat dont il est investi.
Quand il ne le remplit pas il trahit la confiance
de ses électeurs et il commet en outre une indé-
licatesse, car il touche une indemnité à laquelle
il n'a plus aucun droit.

VI

DES PROJETS DU GOUVERNEMENT

On a reconnu que l'instabilité ministérielle était encore une des causes principales de l'impuissance de la Chambre et de la stérilité de ses travaux.

Chaque ministère nouveau, à peine constitué, élabore à la hâte un ou plusieurs projets de loi quand les solliciteurs, les questions, les interpellations et les commissions leur en laissent le temps. Ces projets, mal conçus pour la plupart dans le fond et dans la forme, sont renvoyés à une commission composée de membres choisis au hasard par les bureaux et ils sont examinés tant bien que mal et plutôt mal que bien, car ils subissent ordinairement des modifications arrachées quelquefois aux ministres qui les ont présentés et, le plus souvent, contre leur volonté. Avec la lenteur que les commissaires peu assidus apportent dans l'exercice de leurs fonctions, il arrive trop souvent que les rapports ne peuvent être déposés avant la chute du cabinet et il n'est plus question des projets des ministres démissionnaires. Tout le travail qui a été fait est perdu. On recommence avec le nouveau cabinet et l'on continue ainsi jusqu'à la fin de la législature, c'est-à-dire jusqu'au moment où tous les travaux préparatoires des commissions sont complètement perdus.

Demander la stabilité ministérielle avec l'organisation actuelle des pouvoirs publics, il n'y faut pas songer, cette stabilité ne pouvant être obtenue tant que le Pouvoir exécutif ne sera pas complètement indépendant du législatif. Cependant, les projets ministériels dont nous venons de parler ne sont pas l'œuvre personnelle de tel ou tel ministre. Ils sont présentés à la Chambre par le Président de la République qui les a revêtus de sa signature ; ils sont donc l'œuvre du Pouvoir exécutif, et, à ce titre, ils devraient avoir la priorité sur tous les autres projets, même après la chute des ministres qui y avaient collaboré. D'ailleurs, ceux-ci ne restent-ils pas députés, et leur devoir n'est-il pas de soutenir en cette qualité le projet qu'ils avaient jugé utile de présenter étant ministres ? Dans tous les cas, la Chambre, en abandonnant avec tant de dédain les projets du Gouvernement, témoigne peu de respect pour le chef de l'Etat et montre bien l'asservissement dans lequel elle veut le maintenir. On ne trouve dans aucun pays l'exemple d'un tel scandale.

Si les ministres n'ont pas le temps de mettre *sur ses pieds*, comme on dit vulgairement, un projet sérieux, pourquoi ne charge-t-on pas le Conseil d'Etat d'élaborer les projets du Gouvernement ? Ces projets, nés viables, arriveraient en discussion malgré la chute des ministres qui, si la nouvelle Chambre ne change pas ses méthodes de travail et suit les errements de l'ancienne, continueront à tomber comme des capucins de cartes.

VII

DU DROIT DE PAROLE

Les réglements des Assemblées étrangères, pour ne pas éterniser les discussions générales, limitent le droit de parole accordé aux députés. S'il est un pays où cette limite doit être établie, c'est assurément en France où tous les citoyens ont des prétentions à l'art de bien dire. Ce qu'on ne saurait nier, c'est qu'ils parlent abondamment, et nos députés ont ce défaut au suprême degré.

En Angleterre, sauf les séances de comité qui ne sont pas publiques et dans lesquelles les membres du Parlement ont le droit de prendre plusieurs fois la parole, les représentants n'ont le droit de ne parler qu'une fois dans la discussion générale.

En Belgique, l'article 22 du réglement porte que « nul ne parle plus de deux fois sur la même question, à moins que l'Assemblée n'en décide autrement. »

Des restrictions analogues figurent dans le
règlement de presque toutes les Assemblées.

Le mode d'examen des projets qui oblige tous
les députés à les discuter préalablement dans
les bureaux et qui les autorise même à assister
aux discussions des commissions centrales,
abrège d'ailleurs les discussions générales, car
celles-ci sont préalablement déblayées de tout
ce qui vient chez nous les compliquer. Combien
voit-on de députés qui, avant l'ouverture de la
discussion générale, n'ayant aucune idée du
projet en discussion, viennent se jeter à la
traverse par des discours sans préparation ou
des amendements qui obligent les commissions
à de nouvelles délibérations et, souvent, à recommencer leurs travaux ?

Pour remédier à ce regrettable état de choses,
il n'y a que trois moyens et il faut les introduire
sans retard dans le règlement : discussion
préalable dans les bureaux avec présence obli-
gatoire de tous leurs membres; limitation à
une ou deux fois de parler à chaque membre de
l'assemblée sur la même question en discussion
générale; enfin interdiction de déposer des
amendements au cours de la discussion, toute
facilité étant laissée à leurs auteurs de les déposer et de les défendre, soit dans les bureaux,
soit dans la commission centrale.

Telles sont, dans leurs grandes lignes, les réformes qu'il convient d'apporter au règlement

intérieur de la Chambre. Il y a encore d'autres points d'un intérêt secondaire sur lesquels l'attention du Parlement devrait se porter, tels par exemple que les moyens propres à la répression des écarts de certains députés qui se plaisent à troubler les délibérations, et ceux que nous jugeons indispensables contre ceux qui s'absentent systématiquement.

Pour les premiers, la Chambre fera bien de se montrer plus sévère et de prendre au besoin des mesures rigoureuses. Pour les seconds, on peut leur infliger des amendes par la suppression de l'indemnité parlementaire pendant un ou plusieurs jours, et si les absences sont trop fréquentes, prononcer la déchéance.

TROISIÈME PARTIE

DES RÉFORMES QUI PEUVENT ÊTRE OPÉRÉES PAR VOIE LÉGISLATIVE

I

DU RENOUVELLEMENT DES CHAMBRES

Au milieu des incohérences de l'œuvre des Constituants de 1875, il en est une qui dépasse toutes les bornes permises, c'est d'avoir assis leur régime constitutionnel, comme le dit M. Jules Ferry, sur le concours de deux Chambres, dont l'une se renouvelle par tiers tous les trois ans, et qui est perpétuelle, tandis que l'autre n'est que temporaire et se renouvelle intégralement tous les quatre ans. On retrouve d'ailleurs cette anomalie dans les assemblées locales et départementales. Les conseils municipaux sont renouvelés en entier et les conseils généraux par moitié.

Il semble que si le renouvellement partiel a été jugé excellent pour le Sénat, il devait être non moins bon pour la Chambre. L'Assemblée nationale en a jugé autrement ; mais il n'en est pas moins vrai que le renouvellement intégral des Assemblées a des inconvénients sur lesquels il serait trop long de nous étendre et qu'il n'a aucun des avantages du renouvellement partiel. Tous les bons esprits sont aujourd'hui d'accord pour condamner le renouvellement intégral qu'ils considèrent comme très dangereux au point de vue politique. Il est non moins énergiquement condamné au point de vue de la marche régulière des travaux de la Chambre. Mais, si l'on est d'accord sur la nécessité de substituer le renouvellement partiel au renouvellement intégral, on est loin de s'entendre sur la question de savoir si ce renouvellement doit se faire par moitié, par tiers, par quart ou même par cinquième.

Le renouvellement par petites fractions a des inconvénients graves pour les Assemblées elles-mêmes. Le plus sérieux de ces inconvénients est que les nouveaux venus se trouvent toujours en minorité. Or, ce résultat est en opposition directe avec le but même du renouvellement périodique des Assemblées. Benjamin Constant a fait ressortir la gravité de cet incon-

vénient dans son *Cours de Politique Constitutionnelle* :

« Ces opérations, disait-il, ont en effet pour
but non seulement d'empêcher les représentants de la nation de former une classe à part
et séparée du reste du peuple, mais aussi de
donner aux améliorations qui ont pu s'opérer
dans l'opinion, d'une élection à l'autre, des in-
terprètes fidèles. Si l'on suppose les élections
bien organisées, les élus d'une époque représentant l'opinion plus fidèlement que ceux des
époques précédentes, ne serait-il pas absurde
de placer les organes de l'opinion existante en
minorité devant l'opinion qui n'existe plus ? »

Il résulte des lignes qui précèdent et des argu-
ments irréfutables qu'elles renferment, que le
renouvellement par moitié doit être préféré. Avec
ce système, si l'opinion s'est modifiée, elle se
trouve efficacement représentée ; on n'est point
exposé, d'autre part, à des changements et à
des surprises trop brusques, aux mécomptes
enfin auxquels on s'expose avec des élections
trop éloignées, comme on l'a vu en 1885, et
comme on a pu le craindre aux dernières élections générales.

Si les consultations à longue échéance sont
dangereuses, les élections trop fréquentes ont
aussi leurs inconvénients. Dans un pays où les
élections se font au suffrage universel, ces inconvénients prendraient les proportions d'un véri-

table danger, car la nation se trouverait sans
cesse dans un état d'agitation et de crise. L'opinion, continuellement tiraillée en sens contraire,
ne posséderait ni le temps ni la liberté nécessaires pour s'éclairer dans l'intervalle des votes.
Si, au contraire, ainsi que cela se pratique
aujourd'hui pour la Chambre, on place entre les
renouvellements de trop longs intervalles, on
s'expose à posséder une Assemblée dont l'esprit
politique reste stationnaire, pendant que les
exigences d'une situation nouvelle et les inci-
dents politiques modifient les idées et les besoins
du pays.

Entre les deux inconvénients d'une consultation éloignée et d'élections trop fréquentes, il
paraît donc sage de choisir pour la Chambre le
système du renouvellement par moitié tous les
deux ans. Il n'y aurait de renouvellement intégral qu'en cas de dissolution.

Au point de vue spécial qui nous occupe, la
perpétuité de la Chambre aurait pour résultat
d'abréger, dans de notables proportions, le travail des commissions et de la Chambre elle-
même, car on ne serait plus obligé de recommencer à chaque législature soit l'examen, soit
la discussion des questions qui n'ont pas reçu
de solution complète au cours de la précédente
législature.

Les mêmes motifs que nous avons fait valoir
pour le renouvellement par moitié de la Chambre

s'appliquent tout aussi bien au Sénat. Le mandat de sénateur devrait n'avoir qu'une durée de huit années et le renouvellement par moitié se faire tous les quatre ans.

Les événements qui se sont produits au cours de l'année 1889 et les dangers que l'agitation boulangiste a fait courir au pays, donnent un singulier caractère d'actualité aux lignes suivantes que Dupont-White adressait, en 1871, à l'Assemblée nationale, et qui nous serviront de conclusion :

« Le remplacement partiel, disait-il (1), outre son à-propos, a toute la valeur d'une institution ; on n'en saurait imaginer de mieux assortie à la France et au caractère français, qui est passionné, sensitif, facile aux exaltations et aux entraînements, tel enfin qu'il convient d'y modérer le courant et le règne de l'opinion publique.

« Le renouvellement intégral est sans inconvénient ailleurs, où les esprits sont autres, où les questions sont moindres, OÙ LE COURANT DE L'OPINION NE VA RIEN DÉTRUIRE DE FONDAMENTAL, parce qu'il n'oserait toucher à certaines croyances, à certaines hiérarchies. Mais, en France, le naturel de la race veut un autre traitement ; il ne comporte pas plus le renouvellement parlementaire à la mode anglaise que les autres pratiques anglaises de club et de méeting... »

____

(1) *Politique actuelle*, Guillaumin et Cie, 1873.

DU CUMUL DES FONCTIONS ÉLECTIVES

La seconde réforme à introduire dans la loi du
30 novembre 1875 sur l'élection des députés est
l'interdiction du cumul des fonctions électives.
Indépendamment des raisons que nous avons
déjà fait valoir, en ce qui concerne l'impossibilité, pour un citoyen, d'exercer à la fois le triple
mandat de député, de conseiller général et de
maire, il y a contre ces cumuls d'autres motifs
à alléguer.

Il importe d'abord, dans une démocratie, que
le plus grand nombre possible de citoyens soient
appelés à l'exercice des fonctions publiques pour
les former à la pratique des affaires. En second
lieu, les motifs invoqués pour que le député
devienne exclusivement le représentant de la
nation, et non celui d'une circonscription électorale, doivent l'empêcher de s'occuper d'affaires
pouvant le détourner de sa mission essentielle
qui est de gérer les grands intérêts du pays.

Nous n'en dirons pas davantage sur ce sujet ; nous ajouterons seulement que le cumul des fonctions électives n'est guère autorisé qu'en France, et, sur ce point encore, nous sommes en arrière des autres nations. L'évidence de la nécessité de cette réforme ne nous semble pas exiger une plus longue démonstration.

III

DE L'INDEMNITÉ PARLEMENTAIRE

Nous croyons devoir appeler également l'attention de la nouvelle Chambre sur l'indemnité parlementaire.

Si le principe de cette indemnité est généralement admis, on reconnaît aussi que la rétribution législative ne doit pas dépasser les bornes d'une simple indemnité. Or, la rétribution attribuée à nos députés ainsi qu'à nos sénateurs, est désignée à tort comme "indemnité"; elle n'en a pas le caractère, attendu qu'elle est permanente et qu'elle est payée pendant quatre années consécutives, aussi bien pendant que les députés ne siègent pas que quand ils sont en session, aussi bien à ceux qui s'absentent presque continuellement qu'à ceux qui siègent avec assiduité. Ils ont, en réalité, un traitement de 9.000 francs par an.

Il n'en est pas ainsi dans les autres pays. La rétribution législative a bien le caractère de "l'indemnité" parce qu'elle n'est accordée que pendant la durée de la session.

L'article 85 de la Constitution prussienne porte que « les membres de la seconde Chambre recevront du Trésor une indemnité de voyage et de séjour. Ils ne peuvent y renoncer. »

Il en est de même en Wurtemberg et en Danemark.

L'article 38 de la Constitution portugaise stipule que « les députés, *pendant la session*, recevront une allocation financière fixée à la dernière séance de la précédente législature, et en outre, si on le décide, une indemnité pour frais d'aller et retour. »

L'article 83 de la loi fondamentale des Pays-Bas fixe ainsi la rétribution législative :

« Les membres ont, pour frais de voyage, par session, une somme fixée par la loi en raison des distances.

« Ils jouissent, en outre, d'une indemnité de 2,000 florins par an (4.233 francs).

« Les membres qui auront été absents pendant toute la durée de la session, ne jouissent pas de cette indemnité pendant la durée de la session. »

L'indemnité législative est réglée ainsi par la Constitution suédoise :

« Chaque membre de la seconde Chambre reçoit sur les fonds de l'État, pour ses frais de voyage et comme traitement 1.200 riksdales

(1,716 francs) pour chaque session ordinaire. Mais si le Roi dissout la Diète, avant qu'elle ait duré quatre mois, ou si autrement le membre de la Diète quitte ses fonctions dans le cours de la session, avant les quatre mois écoulés, ainsi qu'en cas de session extraordinaire, le député reçoit, outre les frais de voyage, un traitement de 10 riksdales par jour, sans que le total de la somme puisse dépasser 1.200 riksdales.

« Le membre de la Chambre qui ne se présente pas à la Diète en temps voulu, subira sur son traitement, par chaque jour de retard, une retenue de 10 riksdales. »

L'article 52 de la Constitution belge règle ainsi l'indemnité législative :

» Chaque membre de la Chambre des représentants jouit d'une indemnité mensuelle de 200 florins pendant toute la durée de la session. Ceux qui habitent la ville où se tient la session, ne jouissent d'aucune indemnité. »

En Autriche, les députés touchent un traitement journalier pendant la session, sauf lorsque la prorogation excède quatorze jours, ou en cas de congé autre que pour maladie; ils ont droit à une indemnité d'un florin (2 fr. 50) par mille ou lieue pour voyage de leur résidence à Vienne, aller et retour.

En Hongrie, les députés touchent une indemnité annuelle de 800 florins (2.000 francs), plus

6 florins 25 kreutzers (13 fr. 10) par jour durant
les sessions.

En Allemagne, les membres du Reichstag ne
touchent aucune indemnité. Ils n'ont que le
parcours gratuit sur les chemins de fer pendant
les sessions.

Nous ne multiplierons pas ces citations. Celles
que nous reproduisons montrent que dans les
pays où les députés reçoivent une indemnité,
elle est non seulement peu élevée, mais n'est
généralement accordée que pendant les sessions. Le député n'est. en ce cas, réellement
indemnisé que pour le temps qu'il consacre à
l'exercice de son mandat. En dehors des sessions, il ne reçoit rien, parce qu'il est libre de
consacrer son temps à ses propres affaires.

En résumé, le représentant devrait être considéré comme un administrateur d'une société
qui ne touche que des jetons de présence. En
dehors des congés réguliers, justifiés soit par la
maladie, soit par des affaires urgentes, il ne
devrait rien toucher pendant ses jours d'absence. Il serait juste toutefois de lui accorder
des frais de voyage, aller et retour, pour assister aux sessions, et de supprimer les cartes
de circulation qui lui permettent, moyennant
dix francs par mois, de voyager presque gratis
sur toutes les lignes de chemins de fer. La
dignité de son mandat lui commande surtout
de s'imposer ce sacrifice. Il regagnera l'es-

time du public qui n'est rien moins que favorable à une mesure qui porte atteinte à son indépendance vis à vis des compagnies de chemins de fer. Enfin la facilité que les députés ont de voyager presque pour rien, est encore une des causes qui les éloignent trop souvent du Palais-Bourbon et empêche beaucoup d'entre eux de siéger régulièrement. Il y a donc tout à gagner à la suppression de ce regrettable privilège qui n'existe nulle part.

IV

DU NOMBRE DES DÉPUTÉS

La nouvelle loi électorale qui vient de rétablir
le scrutin uninominal fixe le nombre des députés au chiffre de 574. Ce chiffre devrait être
réduit de près de moitié.

Les inconvénients des Chambres trop nombreuses ont été signalés par un grand nombre
de publicistes.

Les Assemblées trop nombreuses ne donnent
pas, comme on l'a vu tout récemment, l'exemple
de la modération et du calme qui doivent régner
dans l'enceinte où se règlent les destinées du
pays. Plus le nombre des membres des Assemblées est grand, plus les passions qui s'agitent
dans leur sein éclatent avec violence.

Il faut reconnaître aussi que le suffrage universel ne porte pas toujours son choix sur les
plus capables et que les inconvénients d'une
Chambre trop nombreuse sont encore bien plus
grands lorsqu'elle renferme trop de médiocrités

qui, pour faire remarquer leur zèle par leurs
électeurs, interviennent à tout propos dans la
discussion des affaires dont ils ne connaissent
souvent pas le premier mot. C'est donc dans
les lumières et dans l'indépendance de ses
représentants, plutôt que dans leur nombre,
que le pays doit chercher les garanties que
réclament son développement matériel et ses
progrès moraux.

« On n'a pas de critérium pour juger l'aptitude des gens au rôle de législateur » a dit
Robert Spencer. Ce qui paraît prouvé, c'est
que cette aptitude devient chez nous de plus en
plus rare. Plus on réduira le nombre des représentants, plus on aura la chance de rencontrer
des citoyens capables d'exercer les fonctions
législatives.

Nous aurions beaucoup d'autres considérations à faire valoir, mais elles excéderaient
les bornes de cette étude qui, à proprement
parler, n'est que l'exposition rapide d'un programme. En résumé le nombre des députés devrait être ramené à trois cents au maximum,
c'est-à-dire au même chiffre que les sénateurs,
afin que les deux Assemblées, réunies en congrès, aient chacune le même nombre de voix.

Il y aurait encore d'autres réformes qui touchent à la loi électorale que nous devons indiquer sommairement. Un député qui donne sa
démission, par exemple, ne devrait plus avoir

le droit de se représenter devant le corps électoral avant la fin de la législature. Cette mesure,
qui a été prise dans beaucoup d'autres pays, est
le complément de celle qui a été votée à la fin
de la dernière session pour interdire les candidatures multiples.

Nous signalerons encore deux motifs de déchéance qu'on devrait bien introduire dans la
loi. On se demande si un député, pourvu d'un
conseil judiciaire et jugé par conséquent incapable de gérer ses propres affaires, n'est pas
aussi incapable de gérer celles du pays. On a le
droit de s'étonner également qu'un député notoirement fou et enfermé comme tel dans une
maison d'aliénés, comme le docteur Villeneuve,
par exemple, puisse continuer à représenter ses
commettants. Il y a dans ces deux cas des anomalies qui blessent à la fois le bon sens et les
intérêts des électeurs. Nous pensons qu'il suffit
de les signaler pour qu'on reconnaisse la nécessité de mettre fin à de pareils errements.

QUATRIÈME PARTIE

RÉFORMES A OPÉRER PAR VOIE DE REVISION DES LOIS CONSTITUTIONNELLES

I

DU POUVOIR EXÉCUTIF

Pour assurer l'indépendance du Pouvoir exécutif il faut que le Président de la République tienne ses pouvoirs directement de la nation. Il est nécessaire en second lieu, qu'il soit RESPONSABLE. Sans ces deux conditions essentielles, le Pouvoir exécutif reste soumis au législatif, et le principe de la séparation des pouvoirs est violé.

Il est évident que si le Président de la République tient ses pouvoirs de la Chambre et du Sénat, il reste sous leur entière dépendance. On l'a bien fait voir au maréchal de Mac-Mahon et à M. Jules Grévy. Se soumettre aux volontés de la Chambre ou se démettre, telle est l'alternative où le chef de l'État est sans cesse placé vis-à-vis du Pouvoir législatif.

Si, d'autre part, un chef héréditaire doit être irresponsable, parce qu'il est inviolable, il doit en être tout autrement d'un chef électif.

Le principe de l'irresponsabilité du chef de l'État est de règle, en effet, dans les monarchies constitutionnelles où le monarque n'est qu'une fiction. Cette irresponsabilité du monarque, conséquence de son inviolabilité, le place à l'abri de toute action des lois répressives. « Elle ne le protège pas seulement dans l'exercice de sa puissance royale, elle s'étend même aux actes les plus étrangers à son caractère public. Si, par impossible, le roi commettait un crime, les tribunaux et la législature se trouveraient désarmés en présence de l'attentat. La nécessité de garantir le libre exercice de la puissance exécutive doit l'emporter sur toute autre considération quelque grave, quelque équitable qu'elle puisse être. On ne saurait, pour venger la violation d'une loi particulière, mettre en péril les intérêts et la dignité de tout un peuple. On ne pourrait frapper la personne du roi sans frapper en même temps le dépositaire du pouvoir exécutif. A quoi, d'ailleurs, pourraient aboutir les condamnations prononcées par les tribunaux? Leurs arrêts sont exécutés au nom et par ordre du roi. » (1)

(1) J.-J. Thonissen. *Commentaires de la Constitution Belge*. Bruxelles, Bruyland-Christophe et Cie.

Le principe de l'hérédité serait, en effet, compromis, si le souverain était responsable, car la sanction de sa responsabilité ne pourrait être que le droit de le déposer.

Ces considérations ne peuvent évidemment s'appliquer à un chef électif, puisque sa personne n'est pas inviolable et qu'il est soumis aux lois comme les autres citoyens. La qualité de chef élu du Président de la République doit entraîner forcément sa responsabilité, et cette responsabilité, vis-à-vis du pays, doit avoir pour conséquence son indépendance vis-à-vis du Pouvoir législatif.

Il faut, en effet, que la responsabilité du Gouvernement existe quelque part. Or, dans le système actuel, avec la Chambre qui s'est emparée de tous les pouvoirs, cette responsabilité n'existe pas, car, dans une Assemblée, la responsabilité étant collective, chaque membre de cette Assemblée, pris isolément, n'en a aucune. Il n'existe d'ailleurs aucune sanction au vote du député qui n'est exposé, en somme, qu'à être blâmé par ses électeurs et à ne pas être réélu après ses quatre années de législature.

Il n'en est pas de même du Président de la République. Responsable devant l'opinion aussi bien que devant le Parlement, son intérêt est de choisir des collaborateurs habiles et d'administrer le mieux possible, non dans l'intérêt d'une coterie ni même d'un parti politique, mais dans l'intérêt général du pays. La responsabilité du chef de l'Etat serait d'autant plus réelle qu'elle serait partagée, en outre, par ses ministres.

La Constitution du 4 novembre 1848 réglait ainsi la responsabilité des agents du Pouvoir exécutif :

« ART. 67. — Les actes du Président de la République, autres que ceux par lesquels il nomme et révoque les ministres, n'ont d'effet que s'ils sont contresignés par un ministre.

« ART. 68. — Le Président de la République, les ministres, les agents et dépositaires de l'autorité publique, sont responsables chacun en ce qui le concerne, de tous les actes du gouvernement et de l'administration. »

Les Constituants de 1848, plus sages que ceux de 1875, avaient laissé au Président de la République le droit de choisir ses ministres, soit dans l'Assemblée, soit en dehors du Parlement. Revenir à ce système est le seul moyen de mettre fin à la confusion des pouvoirs qui règne aujourd'hui.

Toutes les Constitutions garantissent l'indépendance du pouvoir exécutif. Il ne peut être subordonné au Parlement pour deux motifs : 1° Parce que les Chambres ne pouvant embrasser tous les détails de l'administration s'immiscent d'une manière indiscrète dans les affaires isolées ; 2° Parce que le Pouvoir exécutif, éclairé par la pratique, en contact plus direct avec les réalités de la vie, représente plus exactement et plus impartialement que la majorité parlementaire les besoins et les tendances de la nation.

Un certain nombre de publicistes, les yeux constamment fixés sur l'attentat commis par Louis-Napoléon Bonaparte contre la Constitution qu'il avait juré de respecter, considèrent l'élection directe par le Peuple comme un procédé très dangereux.

L'un de ces écrivains, M. J.-J. Clamageran, dans ses études constitutionnelles, économiques et administratives (1), a dit à ce sujet : « Si le pouvoir exécutif est, par son origine, l'égal du pouvoir législatif, comme il dispose de la force, comme il a pour lui le prestige extérieur, le secret des délibérations, l'unité de commandement, il est presque inévitable qu'il acquière tôt ou tard la prépondérance. Dans un pays où le respect de la loi et la pratique de la liberté existent depuis longtemps, on peut échapper à ce danger. En France, où l'on a conservé des traditions monarchiques l'habitude funeste de personnifier le pouvoir dans un homme, où la loi inspire si rarement le respect de ceux-là mêmes qui sont chargés de la faire respecter, il ne faut pas songer à contenir le chef de l'Etat dans les limites étroites de ses

(1) *La France républicaine*, Félix Alcan, 1872.

attributions, si, dès le début, on l'affranchit de toute dépendance. »

Cependant l'auteur de ces lignes reconnaît que si l'élection pour un temps déterminé par le Parlement écarte le danger d'un coup d'Etat, son défaut, il est grave, c'est qu'elle n'assure pas l'harmonie des deux pouvoirs.

Le conseil donné par MM. J.-J. Clamageran a été écouté; le Président de la République a été nommé pour un temps déterminé par le Parlement, mais le défaut qu'il signalait a pris des proportions telles que ce n'est pas seulement l'harmonie des pouvoirs qui a été compromise, c'est l'un de ces pouvoirs, l'exécutif, qui a été complètement confisqué par le législatif. Les Constituants de 1875, sans le vouloir, ont repris la politique des Jacobins qui en 1793, supposant le peuple incapable de choisir le pouvoir exécutif, donnaient sa nomination au législatif.

Entre les deux dangers signalés par MM. J.-J. Clamageran, celui de l'élection directe par le peuple qui donne trop d'autorité au président de la République, et celui de la nomination par le Parlement qui détruit l'harmonie des pouvoirs, il s'agit d'imaginer un mode d'élection qui ne soit ni le plébiscite, c'est-à-dire l'élection directe, ni le vote du Parlement. M. Paul Laffitte propose une solution qui nous paraît résoudre la difficulté.

« Le Collège électoral, dit-il (1), nommant le
chef de l'Etat dans une démocratie devrait
réunir un certain nombre de conditions particulières : ce Collège électoral devrait être issu
du suffrage populaire, et représenter aussi
exactement que possible la moyenne de l'opinion publique ; il devrait être composé d'hommes
assez indépendants et assez éclairés pour que
leur choix fut toujours digne du pays : enfin, il
devrait avoir son existence propre, ne pas être
formé en vue de l'élection présidentielle, afin
d'éviter, comme aux Etats-Unis, un mandat
impératif aux électeurs du second degré. Où
trouver un tel Collège électoral dans un Etat
démocratique ? En France, les conseils généraux réunissent les conditions que je viens
d'indiquer. Ces assemblées ont bien le caractère populaire qu'on peut souhaiter, puisqu'elles
sont élues par le suffrage universel : elles
offrent, par leur composition, toutes les garanties de compétence ; elles sont des corps
constitués et peuvent faire un libre choix. Ne
vous semble-t-il pas que si un jour on faisait
nommer le chef de l'Etat par les conseils généraux, on assurerait vraiment la séparation
des pouvoirs? D'un côté, l'exécutif serait assez
fort pour défendre son indépendance contre le

(1) Le Suffrage universel et le Régime parlementaire,
Hachette et Cⁱᵉ, 1888.

législatif ; d'un autre côté on éviterait le danger
de dictature qui est au fond de tout plébiscite.

Cette solution serait surtout la meilleure si,
comme nous le demandons plus loin, on agran-
dissait les divisions administratives. Les assemblées provinciales ayant une autorité plus
grande, les pouvoirs que ces assemblées con-
féreraient au Président de la République, tout
en le mettant dans l'impossibilité d'en abuser
contrebalanceraient réellement ceux des Chambres.

Ajoutons enfin que ce qui donne trop d'autorité au chef de l'État, c'est surtout la centralisation. En rendant aux communes et aux provinces la liberté de s'administrer et de faire leur
police, en pratiquant enfin la décentralisation
administrative dans toute son étendue, le pays
n'aurait désormais à craindre ni les surprises
révolutionnaires, ni les coups d'État.

Nous pensons que l'adoption du mode d'élection du chef de l'État, par les conseils provinciaux, rend nécessaire le rétablissement des
fonctions de vice-président de la République,
dans les conditions que la Constitution de 1848
avait établies. Il faut prévoir, en effet, le décès
ou la démission du chef du Pouvoir exécutif.
Or, dans le système électif que nous proposons,
il en résulterait un interrègne pouvant offrir
quelque danger. Dans ce cas, le vice-président
de la République remplirait par intérim les

fonctions de chef du Pouvoir exécutif jusqu'à l'élection du nouveau président.

En dehors de cette éventualité, ce fonctionnaire exercerait les importantes fonctions de président du Conseil d'État.

II

DES PRÉROGATIVES DU CHEF DE L'ÉTAT

Les prérogatives attribuées au chef de l'État par l'article 3 de la loi constitutionnelle du 25 février 1875, par les articles 2, 6, 7, 8 et 9 de la loi constitutionnelle du 16 juillet 1875, pourraient être conservées : les autres doivent subir des modifications essentielles.

L'article 2 de la loi du 25 février 1875 conférant au Sénat et à la Chambre réunis en Assemblée nationale, le droit de nommer le président de la République, doit être modifié dans le sens que nous avons indiqué.

Une nouvelle organisation du Conseil d'État doit apporter des modifications ou peut être la suppression de l'article 4 de la même loi, qui accorde au Président de la République le droit de nommer les membres de ce conseil.

L'article 5, surtout, relatif au droit de dissolution de la Chambre des députés, qui est donné au président de la République, sur l'avis conforme du Sénat, doit subir un changement complet.

Le droit de dissolution doit être accordé au président de la République sans prendre d'autre avis que celui de ses ministres, et il doit pouvoir l'appliquer aussi bien au Sénat qu'à la Chambre.

La Constitution de 1875 a donné au chef de l'État un droit illusoire en l'autorisant à dissoudre la Chambre après avoir pris l'avis du Sénat, car, placé sous la dépendance de cette Chambre, il se gardera bien d'en user contre elle. L'exemple du maréchal de Mac-Mahon ne se renouvellera pas.

Et en effet, si les intérêts de la République et la sécurité du pays exigeaient que le Président de la République fît usage de cette prérogative, c'était bien à la suite des élections de 1885. Divisée à l'infini, sans majorité gouvernementale, élue dans des circonstances où le mensonge et la calomnie répandus à flots par les adversaires de nos institutions avaient faussé le suffrage universel, la Chambre, issue de ces élections, se trouvait bien dans les conditions qui justifient le droit de dissolution et rendent l'exercice de ce droit indispensable dans l'intérêt du pays. M. Jules Grévy et, après lui, M. Carnot n'ont pas osé en demander l'autorisation au Sénat.

Tous les publicistes reconnaissent cependant qu'il est surtout un cas où la nécessité du droit de dissolution s'impose. Quand les partis qui luttent dans le sein du Parlement sont tellement fractionnés qu'aucun d'eux ne parvient à former une majorité capable de gouverner, une consultation nouvelle du corps électoral est le seul moyen de faire rentrer le gouvernement dans ses voies normales.

N'était-ce pas le cas de la dernière Chambre ? Si le Chef de l'État avait eu plus d'indépendance; s'il n'était pas obligé de s'incliner sans cesse devant ses ministres et de subir leurs volontés, c'est-à-dire celles de la Chambre; si, enfin, la Constitution ne lui avait pas imposé l'obligation de consulter le Sénat, son devoir était tout tracé : il aurait renvoyé la Chambre de 1885 devant le suffrage universel. Toutes les fautes qui ont produit un si légitime mécontentement dans le pays et amené le funeste avènement du parti boulangiste, qui ne représente que le désordre et le néant, auraient été évitées.

Il est d'autres cas où la dissolution s'impose avec non moins d'autorité.

« Les assemblées peuvent, de même que les individus, s'écarter des voies de la modération et de la raison. Aux époques d'agitation et de trouble, quand les passions populaires sont vivement surexcitées, on les a vues plus d'une fois, aujourd'hui par une condescendance coupable, demain par une ardeur malsaine, aller au devant des exigences les plus outrées de l'esprit de parti. A d'autres époques, où l'opinion publique et les intérêts évidents du pays réclamaient des réformes urgentes, on a rencontré des majorités parlementaires qui, obstinément attachées à des traditions vieillies, opposaient une résistance opiniâtre aux innovations les plus indispensables. Dans ces situations exceptionnelles, l'omnipotence des Chambres serait d'autant plus dangereuse que l'esprit de corps les amène, par une pente rapide, à voir des attentats aux droits de la nation dans tout ce qui froisse leurs préjugés. Il est donc nécessaire qu'il y ait en dehors d'elle une autorité investie du droit de dissolution, quand cette mesure est devenue le seul moyen de mettre fin à une situation anormale (1).

On peut ajouter que l'élection est parfois le résultat des intrigues d'un parti, et nullement l'expression des vœux de la nation. Dans ce cas la marche de l'administration se trouve entravée, ou bien le Président de la République se trouve forcé d'agir dans un sens contraire à l'opinion publique et aux intérêts généraux. Ces deux cas ne se sont-ils pas produits à la suite des élections de 1885 et le chef du pouvoir exécutif n'a-t-il pas été obligé de s'associer à une politique radicale qui était désapprouvée par

(1) J. J. Thonissen, *Commentaire de la constitution Belge.*

lui-même et par la grande majorité du pays?

La dissolution, contrairement à l'opinion des jacobins, n'est pas un attentat aux droits du peuple. Elle est au contraire une reconnaissance formelle de sa souveraineté puisqu'elle est un appel à l'opinion publique.

« Le droit de dissolution, dit M. J.-J. Clamageran, dans le livre dont nous avons cité un passage, légalement établi, couperait court à bien des intrigues et donnerait à l'opinion publique un poids de plus dans la balance des affaires. »

Jugé inoffensif entre les mains d'un chef héréditaire, puisqu'il n'est qu'un moyen de consulter la nation, le droit de dissolution le serait encore bien moins entre les mains d'un chef électif. Le Président de la République ne serait jamais tenté d'en abuser, parce qu'il jouerait sa popularité et compromettrait son autorité. Si, en effet, les électeurs lui donnaient tort, il serait forcé, ou de gouverner avec des ministres qui lui seraient imposés par l'opinion publique, ou de se retirer.

Le chef du pouvoir exécutif doit donc avoir le droit de dissolution, non seulement contre la Chambre, mais contre le Sénat lui-même, séparément ou simultanément. Si l'on prévoit un conflit entre la Chambre et le Président de la République, ce conflit peut se produire également avec le Sénat, ou bien l'une ou l'autre des deux Assemblées peut avoir cessé de représenter l'opinion. Les Chambres, étant investies de pouvoirs égaux, doivent subir un traitement égal. Il est d'ailleurs contraire au droit constitutionnel qu'une des deux Assemblées ait sur l'autre le droit de dissolution, et ce droit, accordé au Sénat par la Constitution, n'est pas une de ses moindres anomalies. Dans tous les cas, on ne trouve ce droit écrit dans aucune Constitution étrangère; il fallait que les constituants de 1875 fussent animés des passions politiques qui les aveuglaient pour inaugurer une semblable monstruosité constitutionnelle.

L'article 4 de la loi constitutionnelle du 16 juillet 1875 doit subir une modification essentielle en ce qui concerne la réunion du Sénat en Cour de justice. Le principe de la séparation des pouvoirs s'oppose à ce qu'une assemblée puisse empiéter sur le pouvoir judiciaire. Nous indiquons plus loin devant quelle juridiction les crimes de haute trahison et les attentats contre la sûreté de l'Etat doivent être portés. C'est dans cet ordre d'idée que doit être transformé l'article 12 de la même loi, qui renvoie, devant le Sénat, les crimes ou les attentats commis par le Président de la République ou ses ministres, dans l'exercice de leurs fonctions, ainsi que les attentats commis par les personnes contre la sûreté de l'Etat.

III

DU POUVOIR JUDICIAIRE

« Administrer la justice sociale, a dit Rossi,
établir la chose jugée, ce n'est rien moins que
consolider les fondements mêmes de la société
et de l'ordre social…. C'est la base fondamentale de l'édifice. Otez de ce monde la justice
humaine, enlevez l'autorité de la chose jugée,
il n'y a plus de société possible. »

Or, la chose jugée ne peut avoir d'autorité
qu'à une condition expresse, c'est que le magistrat puisse rendre son arrêt en toute indépendance. Si, comme en France, le pouvoir judiciaire est une branche de l'administration
confiée au pouvoir exécutif, son action est
gênée et sa liberté incomplète ; il n'a pas, en
un mot, l'indépendance qui est la condition essentielle de son impartialité.

Le Pouvoir judiciaire ne peut donc s'exercer
librement dans la sphère de ses attributions qu'à

la condition d'être complétement séparé du Pouvoir exécutif.

C'est ainsi que l'avait compris l'Assemblée nationale. La loi des 16-24 août 1789 porte, en termes formels, que « les fonctions judiciaires sont distinctes et demeureront toujours séparées des fonctions administratives. »

Conformément à cette décision, la Constitution de 1791 stipulait que le pouvoir judiciaire ne pourrait en aucun cas être exercé par le corps législatif, ni par le roi. Elle établissait ainsi définitivement l'indépendance de la magistrature ; mais, après avoir élevé cette barrière, entre les fonctions administratives et les fonctions judiciaires, les constituants de 1791 eurent l'imprudence d'ajouter « que les juges ne pourraient, à peine de forfaiture, troubler, de quelque manière que ce fut, les opérations des corps administratifs, ni citer devant eux les administrateurs pour raison de leurs fonctions (1). »

On trouve, dans cette restriction imprudente, l'origine du fameux article 75 de la Constitution de l'an VIII et des attributions judiciaires confiées au Conseil d'Etat et aux conseils de préfecture.

L'article 52 de la Constitution du 22 frimaire an VIII a placé, en effet, au nombre des attribu-

(1) Titre III, chapitre V, article 1er.

tions du Conseil d'Etat, la mission de *résoudre les difficultés* qui s'élèvent en matières administratives. Or, dans la classe des affaires administratives, on avait rangé toutes les opérations qui s'exécutent par ordre du Gouvernement, par ses agents immédiats, sous sa surveillance et avec les fonds du Trésor public, ainsi que toutes les réclamations ou demandes auxquelles ces opérations peuvent donner lieu.

L'article 52 fut immédiatement interprété dans le sens le plus large par le pouvoir despotique d'alors. Un arrêté des Consuls, en date du 5 nivôse an VIII, lui donnait l'extension suivante : « Le Conseil d'Etat *développe le sens des lois*, sur le renvoi qui lui en est fait par les Conseils, des questions qui leur ont été présentées. Il prononce d'après un semblable renvoi : 1° sur les conflits qui peuvent s'élever entre l'administration et les tribunaux ; 2° sur les affaires contentieuses dont la décision était précédemment remise aux ministres... »

Ce n'était pas encore assez : La loi du 28 pluviôse an VIII charge les Conseils de préfecture de prononcer sur les difficultés qui pourraient s'élever entre l'administration et les entrepreneurs de travaux publics, sur les réclamations des particuliers qui se plaindraient d'avoir été lésés par les entrepreneurs, sur les demandes d'indemnités en raison des terrains pris ou fouillés, sur les contestations qui peuvent s'élever en matière de grande voirie, et, enfin, sur le contentieux des domaines nationaux.

Ces abus n'ont pas complètement disparu. Tandis que, dans tous les pays libres, il est généralement admis que le pouvoir judiciaire doit avoir à se prononcer sur toutes les contestations indistinctement, aussi bien sur celles qui naissent entre particuliers que sur celles qui se produisent entre les citoyens et l'État. La justice devant être égale pour tous, et l'État ne pouvant être juge et partie dans sa propre cause, il est superflu de démontrer une chose aussi évidente, c'est que les tribunaux administratifs, c'est-à-dire les attributions judiciaires des Conseils de préfecture et du Conseil d'État doivent disparaître.

En proclamant toutefois l'indépendance du pouvoir judiciaire, il est nécessaire de délimiter nettement ses attributions, afin que, de son côté, il ne puisse empiéter sur les droits des deux autres pouvoirs. On y est parvenu dans les pays voisins : 1° en donnant au Pouvoir législatif le droit d'interpréter les lois dans le cas où leur obscurité est bien reconnue, où le dissentiment entre la Cour de Cassation d'une part, et les cours et tribunaux de l'autre, porte sur un point d'une gravité telle, qu'il convient de le faire cesser immédiatement. L'interprétation des lois par le Corps législatif est encore une des conditions de la séparation des pouvoirs. Sans elle, en effet, le juge, investi de ce droit, peut substituer sa volonté à celle du législateur ; 2° en donnant aux juges le droit de se prononcer sur toutes les contestations ayant pour objet des droits civils. Quant aux contestations ayant pour objet des droits politiques, elles sont également du ressort des tribunaux, mais avec des exceptions que la loi doit préciser.

« Les droits politiques, en effet, n'appartiennent pas aux individus d'une manière absolue ; ils appartiennent à la nation et ne se transmettent à l'individu que comme membre de la nation. Leur possession est essentiellement subordonnée aux lois d'ordre public et d'intérêt général. Ils tiennent trop directement à l'action gouvernementale pour que les difficultés qui surgissent à l'occasion de leur exercice puissent toujours être déférés aux tribunaux. » (1)

Henrion de Pansey a judicieusement résumé les principes en cette matière : « Pourvoir, par des ordonnances, à l'exécution des lois, à la sûreté de l'Etat, au maintien de l'ordre, aux besoins de la Société, c'est administrer ; statuer par des décisions sur les réclamations auxquelles ces ordonnances peuvent donner lieu et sur les oppositions que des particuliers se croiraient en droit de former à leur exécution, c'est encore administrer. »

(1) J.-J. Thonissen, *Commentaires de la Constitution Belge*.

On reconnaît, en résumé, qu'il n'y a de droits individuels, civils ou politiques, que ceux qui résultent de lois ou d'arrêtés portés dans un intérêt individuel, et que les lois qui n'ont pour objet que l'administration de l'Etat, ayant exclusivement en vue l'intérêt général, sans égard à l'intérêt individuel, ne peuvent faire naître des droits civils ou des droits politiques dont les tribunaux puissent connaître.

Il est indispensable que cette ligne de démarcation soit établie, car si le pouvoir judiciaire doit être indépendant, il est non moins nécessaire de ne pas étendre la compétence des tribunaux au-delà de ses bornes, et d'empêcher le juge de se constituer en appréciateur souverain des actes du pouvoir exécutif. Ce serait proclamer l'omnipotence de la magistrature, asservir l'administration nationale à son profit et porter atteinte à l'indépendance du pouvoir exécutif.

Pour garantir la liberté, les biens et les droits des citoyens, la Constitution doit déclarer qu'aucun tribunal ni aucune juridiction contentieuse ne peuvent être établies qu'en vertu d'une loi. Elle doit interdire d'une manière absolue la création de commissions ou de tribunaux extraordinaires sous quelque dénomination que ce soit.

Nous n'insisterons pas sur la nécessité de conserver le jury en toutes matières criminelles.

pour les délits politiques et de presse. Cette institution est définitivement admise par les nations libres et consacrée par toutes les Constitutions ; mais il y a d'autres réformes, réclamées depuis longtemps, qui sont dans tous les programmes républicains et que nous nous bornons à énumérer. Il s'agit de la réforme du Code de procédure, de l'abréviation des délais, de la réduction des frais, de la suppression de la vénalité des offices, de la diminution du nombre des juges et, enfin, de la codification des lois. La préparation de ces réformes pourrait être confiée au Conseil d'État qui aurait pour mission de les formuler en projets de loi, mission qui s'étendrait d'ailleurs à l'examen de tous les projets du gouvernement et aux propositions qui pourraient lui être renvoyées par la Chambre.

IV

DU RECRUTEMENT DE LA MAGISTRATURE

On a reconnu, dans la plupart des monarchies constitutionnelles, que la justice n'émane
pas du roi et qu'elle ne doit pas s'administrer
en son nom. C'est la conséquence de la rigoureuse application du principe de la séparation
des pouvoirs. A plus forte raison la justice,
dans une République, doit émaner du peuple
puisque les arrêts sont rendus en son nom.

Pour être indépendante, la magistrature doit
être recrutée par un autre moyen que le bon
plaisir du pouvoir exécutif ; pour qu'elle émane
du peuple, il faut qu'elle tienne ses fonctions
du peuple. En un mot, le Pouvoir judiciaire,
comme les deux autres, doit être électif.

On comprend cependant que les collèges
électoraux chargés de désigner les candidats
aux fonctions de juge ne peuvent être les mêmes
que ceux dont les deux autres pouvoirs tiennent
leurs fonctions. De même qu'il a été admis
plusieurs systèmes d'élection pour les chambres

et le Chef de l'Etat, il doit y avoir un système spécial pour l'élection des magistrats, sauf à réserver le droit d'investiture au Président de la République. On comprend également que si, pour les autres fonctions électives, on abandonne au corps électoral le choix des candidats, il n'en saurait être de même pour les magistrats qui, au point de vue professionnel, doivent réunir certaines conditions d'aptitudes aux importantes fonctions qu'ils sont appelés à remplir.

La réforme de la magistrature actuelle est presque aussi ardemment désirée aujourd'hui par les justiciables qu'en 1789.

A cette époque les cahiers, d'une extrémité à l'autre de la France, contenaient les mêmes vœux sur une meilleure organisation de la justice. Le peuple la voulait simple, plus rapprochée de lui et, surtout, plus économique. Un siècle s'est écoulé sans que ce vœu ait été complètement réalisé. La justice est plus simple sans doute, moins coûteuse assurément et plus à portée du contribuable que les juridictions abolies en 1789, mais elle est encore trop compliquée et surtout trop coûteuse. La réforme qui sera la mieux accueillie est incontestablement celle qui réduira à la fois les délais et les frais.

Le 17 août 1789, Bergasse proposait à l'Assemblée nationale une organisation judiciaire qui renfermait tous les principes de la réforme

si ardemment réclamée par les justiciables. Ce
ne fut cependant qu'au bout de dix années de
troubles et après de déplorables essais de différents genres d'élections qu'une partie du plan
de Bergasse fut appliqué : justice indépendante,
tribunaux rapprochés du peuple, défense aux
magistrats d'empiéter sur les autres pouvoirs,
publicité de l'audience. création de trois degrés
de juridiction. juges de paix répandus dans les
campagnes, un tribunal par district. une cour
supérieure par province. des magistrats inamo-
vibles nommés par le chef de l'Etat sur une
liste de trois candidats présentés par les assemblées provinciales, tels étaient les principes
alors nouveaux, proclamés trois mois après la
réunion des Etats généraux. Malheureusement
l'Assemblée se prononça par 503 voix contre
450 pour l'élection directe, décision qui, pendant
dix ans, occasionna les plus graves désordres.

La justice ne reprit son cours régulier qu'a-
près le 18 brumaire. La Constitution de l'an VIII
reconstitua le corps judiciaire d'après les principes de Bergasse, moins son système électif.
Le premier Consul ne crut devoir conserver
l'élection directe que pour les juges de paix,
afin de ne pas heurter les révolutionnaires.
mais les résultats ne furent pas moins déplorables que ceux qu'on avait constatés précédemment pour l'élection des autres magistrats.

« Les juges de paix. écrivait Fourcroy, envoyé en mission dans l'ouest, sont généralement mauvais. Ils abusent de leur nomination par le peuple. »

Un autre conseiller d'Etat envoyé dans le midi, assurait que les juges de paix étaient très mauvais. Des villes telles que Aix et Marseille, où il était facile de faire de bons choix, avaient pour juges de simples ouvriers qui étaient sans lumières et sans considération. Aussi, Bonaparte, nommé Consul à vie, prescrivit que les assemblées primaires présenteraient deux candidats à son choix. Plus tard les juges de paix, comme les autres juges, furent choisis et nommés directement par le pouvoir exécutif.

Après avoir recouvré leur indépendance, les Belges, qui avaient accueilli autrefois avec tant d'enthousiasme la proclamation des principes de 1789, n'hésitèrent pas à les appliquer, et leur Constitution de 1831, entièrement basée sur ces principes, leur a déjà donné près de soixante années de prospérité en leur assurant la stabilité, l'ordre et le progrès. Le projet de Bergasse ne fut pas oublié, et la magistrature belge fut presque entièrement constituée sur ses bases. L'article 99 de la Constitution stipule que les conseillers des cours d'appel, et les présidents et vice-présidents des tribunaux de première instance de leur ressort, sont nommés par le roi sur deux listes doubles présentées l'une par les cours, l'autre par les conseils provinciaux.

Les conseillers de la cour de cassation sont nommés par le roi, sur deux listes doubles, présentées l'une par le Sénat, l'autre par la cour de cassation.

Dans ces deux cas les candidats portés sur une liste peuvent être également portés sur l'autre.

Toutes les présentations sont rendues publiques au moins quinze jours avant la nomination.

Les cours choisissent dans leur sein leurs présidents et vice-présidents.

« La question de savoir si, dans les monarchies constitutionnelles, une présentation de candidats doit être exigée pour le choix des magistrats, avait été vivement controversée au sein du Congrès qui a établi la Constitution. Les uns, s'appuyant sur l'opinion de jurisconsultes éminents, se prononçaient pour la négative, mais l'opinion contraire obtint la majorité ; elle était motivée sur la nécessité d'éviter les erreurs et de maintenir, d'une manière absolue, l'indépendance du pouvoir judiciaire vis-à-vis du pouvoir exécutif. Le Congrès redoutait aussi avec raison l'esprit de népotisme qui pourrait se manifester si les corps judiciaires étaient seuls appelés à présenter des candidatures (1). »

(1) J.-J. Thonissen, *Commentaires de la Constitution Belge.*

Si, comme on le voit, on a soustrait le juge
au choix et à la nomination directe du pouvoir
exécutif dans les monarchies constitutionnelles,
cette obligation s'impose, à plus forte raison,
dans une République. La seule difficulté est
de déterminer les conditions de l'élection.

En Allemagne, le recrutement de la Cour
suprême de l'Empire (*Reichsgericht*), est sou-
mise aux conditions suivantes : Les juges
sont nommés par l'empereur, sur la proposition du Conseil fédéral (*Bundesrath*); ils doivent
être âgés de 35 ans et aptes aux fonctions de
juges. Quant aux autres tribunaux, la loi d'organisation judiciaire ne fait que poser des
règles générales, laissant à chaque État confédéré le soin de statuer. Les juges, dit l'article 6,
sont nommés à vie. Ils ne peuvent, contre leur
gré, être définitivement ou temporairement
relevés de leurs fonctions qu'en vertu d'un
jugement, sans préjudice de la suspension provisoire telle qu'elle résulte de la loi. Toutefois,
en cas d'une modification dans l'organisation
des tribunaux ou de leurs ressorts, l'administration de chaque État peut, sans le consente-
ment du juge, le déplacer ou le mettre à la
retraite, avec maintien de son traitement
intégral.

Est apte aux fonctions de juge : 1° tout professeur ordinaire de droit auprès d'une université allemande; 2° quiconque a rempli dans

l'un des Etats confédérés les conditions requises pour être admis aux fonctions de juge ; 3° celui qui a passé deux examens dans les conditions prescrites par la loi (1). Le premier examen doit être précédé de trois années d'étude de droit ; le second ne peut être passé que trois ans après le premier et ce temps doit être consacré à un stage près des tribunaux ou des avocats-avoués, ou auprès du ministère public. La loi laisse à chaque Etat confédéré la liberté de prescrire de plus longues études universitaires ou un plus long stage.

On reconnaîtra que ces conditions d'admissibilité aux fonctions de juge, présentent des garanties de capacité bien autrement sérieuses que celles qui sont imposées à nos magistrats.

M. J.-J. Clamageron constatait, en 1872, le

(1) En Prusse le candidat doit subir un examen pour être reçu *Referendar* ; les membres de la commission d'examen sont nommés par le ministre sur la présentation du président du tribunal supérieur et choisis parmi les membres du tribunal, les officiers du parquet, les avocats et les professeurs de droit. Le candidat qui a échoué ne peut se présenter de nouveau avant le délai de six mois ; s'il échoue une seconde fois, il est définitivement exclu. Le *Referendar* est tenu à un stage de quatre ans sans traitement. Après ce stage il subit un nouvel examen et, s'il est admis, il est nommé *Gérichsassessor* et attaché, toujours sans traitement, à un tribunal de baillage ou de district. En cet état, il attend sa nomination du juge.

manque de garantie qu'offre en France la capacité des juges :

« Les garanties de capacité, disait-il (1), ne sont pas suffisantes. La magistrature, pour beaucoup de jeunes gens, est un pis aller que l'on prend parce qu'on recule devant l'épreuve du barreau. Il y a des exceptions sans doute et de brillantes exceptions, mais le niveau général est peu élevé. Le dédain de la science, qui est malheureusement un des traits caractéristiques de notre état social, se retrouve peut-être plus que partout ailleurs au sein de la magistrature. Les procès sont jugés en fait et les questions de droit éludées autant que possible. Le droit se réduit presque uniquement à une compilation d'arrêts, plus ou moins ingénieusement rapprochés et commentés. »

Les bornes de notre étude ne nous permettent pas d'examiner sur tous les points les questions importantes qui se rattachent à l'organisation judiciaire. Nous ne pouvons qu'indiquer sommairement les réformes qu'il convient d'apporter au recrutement de la magistrature et à son fonctionnement.

En ce qui concerne l'élection, le système de Bergasse paraît répondre au but qu'on doit se proposer, celui d'assurer l'indépendance de la magistrature, en y ajoutant des conditions

(1) *La France Républicaine*, Félix Alcan.

d'éligibilité au point de vue de la capacité juridique.

Ainsi les juges de paix et ceux de la première instance pourraient être nommés par le Président de la République sur deux listes doubles présentées, l'une par le Conseil provincial, l'autre par les Conseils de l'ordre des avocats réunis aux Chambres de notaires.

Ceux des cours d'appel sur deux listes doubles, présentées l'une par ces cours, l'autre par les conseils provinciaux.

Ceux de la cour de cassation sur deux listes doubles, présentées l'une par la cour de cassation, l'autre par le Sénat.

Ces présentations devraient être rendues publiques quinze jours avant la nomination.

Enfin les tribunaux choisiraient eux-mêmes leurs présidents et vice-présidents.

Quant aux conditions d'éligibilité, elles pourraient être réglées ainsi :

Pour être nommé juge de paix, il faudrait être licencié en droit et avoir exercé au moins pendant trois ans des fonctions judiciaires.

Pour être nommé juge de première instance, le grade de docteur en droit devrait être exigé, et le candidat devrait justifier en même temps l'exercice réel d'une profession judiciaire pendant six ans au moins.

Les membres des cours d'appel devraient être choisis, autant que possible, parmi les juges de première instance qui se seraient distingués dans l'exercice de leurs fonctions; mais, en même temps, parmi les bâtonniers ou anciens bâtonniers de l'ordre des avocats qui ont acquis une réputation de jurisconsultes, parmi les membres des facultés et du parquet.

Quant aux membres de la cour de cassation, les candidats pourraient être choisis, moitié parmi les membres de la cour d'appel, moitié dans la catégorie des admissibles que nous venons de désigner pour les cours d'appel, mais, naturellement, parmi les plus éminents. On pourrait y ajouter les membres de la section des sciences morales et politiques de l'Institut.

Le contentieux administratif étant remis aux juges ordinaires, par suite de la suppression des conseils de préfecture et des attributions judiciaires du conseil d'État, la connaissance approfondie du droit administratif devrait être exigée dans les facultés de droit pour l'obtention du grade de docteur. Enfin, pour juger le contentieux administratif, une nouvelle chambre devrait être créée à la cour de cassation à côté de la chambre civile et de la chambre criminelle.

Il y a, en outre, une large réforme à opérer, et sur le nombre des juges, et sur celui des tribunaux de première instance.

Les juges de paix, par exemple, pourraient

pour la plupart, exercer leurs fonctions dans plusieurs cantons, à l'exemple du juge de comté en Angleterre qui est un magistrat ambulant.

Si, d'autre part, on augmente leur compétence, comme il en est depuis si longtemps question, il deviendrait facile de réduire, dans de notables proportions, les tribunaux de première instance qu'une nouvelle division administrative de la France rendrait d'ailleurs nécessaire.

Il conviendrait d'examiner, en outre, si l'on ne pourrait pas réduire à trois le nombre des juges des cours d'appel.

L'ensemble de ces réformes permettrait de diminuer le nombre des juges de près de moitié, et l'on pourrait ainsi doubler leurs honoraires sans imposer de nouvelles charges au budget. Les émoluments que touchent actuellement les magistrats, sont fixés à un taux dérisoire qui place la magistrature française, sous ce rapport, vis-à-vis des juges étrangers, dans un état d'infériorité déplorable. Il est reconnu, d'ailleurs, depuis longtemps, que les traitements infimes accordés aux juges sont l'obstacle principal au recrutement d'hommes versés dans la science du droit. Ils préfèrent rester au barreau où ils trouvent une plus juste rémunération de leurs études et de leur talent.

En vertu de l'interdiction qui doit être faite par la Constitution d'établir des tribunaux d'exception, le Sénat ne peut être érigé en haute cour de justice. Si l'on reconnaît la nécessité de traduire devant une plus haute juridiction le Président de la République, les ministres et les personnes prévenues de complot ou d'attentat contre la sûreté de l'État, la chambre criminelle de la cour de cassation, assistée d'un jury composé de tous les présidents des assemblées provinciales, devrait être cette juridiction. Un semblable tribunal ne pourrait être récusé par personne, et le principe de la séparation des pouvoirs, violé par le système actuel, serait scrupuleusement respecté.

V

DU CONTENTIEUX ADMINISTRATIF

Nous avons déjà parlé de la nécessité de supprimer les tribunaux administratifs. Cette œuvre avait été entreprise par l'Assemblée nationale de 1871 et elle l'aurait menée à bonne fin, comme celle de la réforme administrative qu'elle avait également abordée, si les passions politiques, qui s'agitèrent bientôt dans son sein, n'étaient venues la détourner de la voie des réformes où elle s'était d'abord engagée. On peut lire les nombreux rapports qui ont été déposés au nom de la commission de décentralisation, notamment deux, le premier, en date du 14 juin 1872, concluant à la suppression des conseils de préfecture, le second, déposé le 7 décembre de la même année, concluant à la suppression des tribunaux administratifs et de la vénalité des offices.

Ce dernier rapport se terminait ainsi :

« Tous les pouvoirs, dans un pays libre, sont soumis aux lois : voilà leur première indépendance. Et c'est bien à tort que le pouvoir exécutif prétendrait s'y soustraire sous prétexte d'échapper à une subordination selon lui inacceptable à l'égard du pouvoir judiciaire. La prépondérance qui en cette matière appartient à la justice, est une des conditions des régimes libres. Et d'ailleurs le pouvoir judiciaire n'est point par essence contraire à l'esprit de gouvernement. »

A l'exemple des pays voisins, les Conseils de préfecture étaient supprimés : leurs attributions administratives confiées au Comité exécutif du Conseil provincial, et leurs attributions judiciaires restituées aux tribunaux.

Quant au Conseil d'Etat, débarrassé également de ses attributions judiciaires et recruté sur d'autres bases, c'est-à-dire composé exclusivement d'éminents jurisconsultes et d'administrateurs consommés, il n'aurait eu pour mission, d'une part, que d'aider le gouvernement dans l'exercice de son pouvoir réglementaire, de concourir à faire naître et à maintenir l'esprit d'homogénéité et de réprimer les abus et les écarts des fonctionnaires. Il aurait été chargé d'autre part de préparer des projets de loi et de les soumettre à des discussions préalables qui, tout en éclairant le gouvernement, devaient faciliter et abréger les travaux du Parlement.

Pour arriver à ce résultat, il suffit de faire revivre l'article 75 de la Constitution de 1848 qui était ainsi conçu :

« Le Conseil d'Etat est consulté sur les projets de loi du gouvernement qui, d'après la loi, doivent être soumis à son examen préalable et sur les projets d'initiative parlementaire que l'Assemblée lui aura renvoyés.

« Il prépare les règlements d'administration publique : il fait seul ceux de ces règlements à l'égard desquels l'Assemblée nationale lui a donné une délégation spéciale.

« Il exerce à l'égard des administrations publiques tous les pouvoirs de contrôle et de surveillance qui lui seront déférés par les lois. »

Le rôle de l'Etat, a dit M. Robert Spencer, doit se borner uniquement à la protection des citoyens contre les agressions du dehors et du dedans. Or, pour défendre nos frontières nous avons une armée forte et disciplinée à laquelle on ne ménage pas les sacrifices. Contre les agressions du dedans, il faut une magistrature indépendante et éclairée.

Pour qu'elle puisse protéger efficacement les biens et les droits des citoyens, pour qu'elle soit digne de cette haute et importante mission, il ne lui manque qu'une sage loi de réforme dont les conditions et les formules nous sont

offertes par l'organisation judiciaire des nations
civilisées, conditions et formules qu'elles ont
d'ailleurs empruntées à nos publicistes et à nos
législateurs. Il faut, en un mot, bannir à jamais,
de l'administration de la justice, les institutions
qui la corrompent et l'affaiblissent.

Ce beau nom de JUSTICE, qui est aujourd'hui
un épouvantail, reprendra alors tout son prestige auprès des citoyens qui ne tarderont pas à
reconnaître en elle la véritable protectrice de
leur vie, de leurs intérêts et de leur liberté.

VI

DE L'ADMINISTRATION

La réforme administrative est depuis longtemps à l'ordre du jour, et l'on a essayé bien
des fois de l'accomplir. Tous les projets qui ont
été essayés dans ce sens ont échoué, parce qu'on
s'est toujours refusé de reconnaître que cette
réforme n'est possible qu'au moyen de la dé-

VI

DE L'ADMINISTRATION

La réforme administrative est depuis longtemps à l'ordre du jour, et l'on a essayé bien
des fois de l'accomplir. Tous les projets qui ont
été essayés dans ce sens ont échoué, parce qu'on
s'est toujours refusé de reconnaître que cette
réforme n'est possible qu'au moyen de la décentralisation. Il saute cependant aux yeux des
moins clairvoyants que la centralisation est
une machine dont les rouages innombrables,
pour être mis en mouvement, exigent une multitude d'employés. Ce n'est qu'en détruisant les
rouages inutiles qu'on pourra supprimer les
employés qui les font mouvoir.

La place nous manque pour discuter ici cette
importante question de la décentralisation que
nous nous réservons de traiter à fond dans une
prochaine publication. Le peu que nous en

avons dit, dans la première partie de cette étude, suffit à démontrer la nécessité de cette grande réforme, et nous en supposons le principe admis. Reste à savoir comment il faut l'appliquer.

Nous ne referons pas l'historique des causes qui ont amené la division arbitraire de la France en départements. Nous dirons que, pendant le règne de Louis-Philippe, quelques publicistes, au nombre desquels figurait un ancien ministre, M. Vivien, se sont demandés et ont recherché si cette division répondait à tous les besoins de notre organisation intérieure. Beaucoup d'entre eux firent remarquer que l'importance de certains intérêts dépassait de beaucoup la sphère d'un seul département ; que, notamment, certains travaux de routes, de canaux, de chemins de fer, de certains établissements modèles, sans concerner la France entière, intéressaient deux ou plusieurs départements. Leur conclusion était que, pour grouper ces intérêts, il fallait rétablir les provinces.

On reconnaît à peu près généralement aujourd'hui que les motifs qu'on a fait valoir pour diviser la France en quatre-vingt-trois cadres plus ou moins réguliers, plus ou moins égaux, n'existent plus depuis longtemps, et que cette division ne répond plus aux besoins du pays.

Les divisions administratives actuelles offrent d'ailleurs des inégalités choquantes. Le dépar-

tement du Nord, par exemple, compte 1 million
670,184 habitants, sur une superficie de
567,584 hectares, tandis que le département des
Hautes-Alpes ne compte que 122,024 habitants,
sur une superficie de 533,975 hectares. On voit
que l'Assemblée nationale ne s'est pas préoc-
cupée, dans sa division, du chiffre de la population, mais de la superficie : elle a fait une opé-
ration géométrique qui avait sa raison d'être à
cette époque où les moyens de communications
étaient difficiles ; mais cette raison n'existe plus
aujourd'hui. Les chemins de fer, la télégraphie
électrique, le téléphone, ont singulièrement
abrégé les distances. On se rend plus vite et
plus facilement aujourd'hui au chef-lieu du département qu'on ne se rendait autrefois au chef-
lieu de l'arrondissement. Il n'y a donc aucune
raison pour ne pas agrandir les divisions administratives et, en prenant la population pour
base, on pourrait rétablir à peu près sans
inconvénient les provinces, c'est-à-dire ramener à 27 ou 28 les divisions administratives, et chacune de ces divisions, sauf celle de Paris, comp-
terait encore moins d'habitants que le département du Nord n'en possède actuellement.

Il va sans dire que beaucoup d'anciennes provinces dont le territoire était trop restreint, devraient être étendues en prenant sur les plus
grandes. Ce qui est certain c'est que, indépendamment des économies considérables qui résul-

teraient de cette mesure au point de vue administratif, et des avantages qu'en retireraient les habitants, le rétablissement des provinces serait accueilli avec faveur par l'opinion publique. En dépit des efforts de l'Assemblée de 1789 pour détruire l'esprit provincial, cet esprit est aussi vif qu'autrefois. La France conserverait encore pendant des siècles ses divisions actuelles, qu'il y aura toujours des Normands, des Picards, des Bretons, des Lorrains, des Bourguignons, etc., et chacun des fils de ces provinces sera toujours fier de proclamer son origine.

Après avoir rétabli les grandes divisions de la France, il conviendrait de s'occuper de l'organisation des communes dont la plupart sont dans une situation si précaire qu'elles ne peuvent vivre de leur vie propre et sont obligées de solliciter sans cesse des subventions, soit de l'État, soit du département.

Pour que les communes soient investies de leur autonomie administrative, il est nécessaire de grouper par agrégation celles qui sont trop faibles ou trop pauvres pour se gouverner elles-mêmes, ainsi qu'on l'a fait aux États-Unis. La principale objection qui, en effet, a été élevée contre l'autonomie communale, c'est que la France compte un trop grand nombre de communes dans lesquelles on ne trouverait pas les éléments d'une administration et qui ne possèdent que des ressources insuffisantes.

Les institutions provinciales et communales sont réglées à l'étranger par des lois qui consacrent les principes suivants :

1° L'élection, sauf les exceptions en ce qui concerne les chefs des administrations communales et les représentants du pouvoir central près des Conseils provinciaux ;

2° L'attribution aux conseils communaux et provinciaux de tout ce qui est d'intérêt provincial et communal, sans préjudice de l'approbation de leurs actes dans le cas et suivant le mode déterminé par la loi ;

3° Publicité des séances des Conseils provinciaux et communaux dans les limites établies par la loi ;

4° Publicité des budgets et des comptes ;

5° Intervention du Chef de l'Etat ou du pouvoir législatif pour empêcher que les Conseils provinciaux et communaux ne sortent de leurs attributions et ne blessent l'intérêt général.

Ces principes fondamentaux sont inscrits dans la Constitution et leur application est réglée par les lois.

En résumé l'Etat abandonne aux communes et aux provinces la direction exclusive de tous les objets qui n'ont pas un rapport immédiat avec les grands intérêts du pays. Il ressort avec la dernière évidence de l'examen, même superficiel de la marche des affaires dans notre pays, que la centralisation exagérée dont la France n'offre plus qu'un seul exemple en Europe, impose au pouvoir un travail excessif qui excède ses forces et l'empêche de vaquer aux soins incessants que réclame l'administration générale. Elle expose en outre ce pouvoir à commettre des injustices et des erreurs dans les affaires qui, pour être bien comprises et bien expédiées, exigent la connaissance exacte et personnelle des hommes, des lieux et des choses.

Ces principes ont été éloquemment exposés par Benjamin Constant : « La direction des affaires de tous, a-t-il dit, appartient à tous, c'est-à-dire aux représentants et aux délégués de tous. Ce qui n'appartient qu'à la fraction ne doit être décidé que par cette fraction ; ce qui n'a de rapport qu'avec l'individu, ne doit être soumis qu'à l'individu. L'on ne saurait trop répéter que la volonté générale n'est pas plus respectable que la volonté particulière dès qu'elle sort de sa sphère. Supposez une nation d'un million d'individus répartis dans un nombre quelconque de communes. Dans chaque commune, chaque individu aura des intérêts qui ne regarderont que lui et qui, par conséquent, ne devront pas être soumis à la juridiction de la commune. Il y en aura d'autres qui intéresseront les habitants de la commune, et ces intérêts seront de la compétence communale. Ces communes à leur tour, auront des

intérêts qui ne regarderont que leur intérieur,
et d'autres qui s'étendent à l'arrondissement.
Les premières seront du ressort purement communal, les seconds du ressort de l'arrondissement et ainsi de suite jusqu'aux intérêts généraux communs à chacun des individus formant
le million qui compose la peuplade. Il est évident que ce n'est que sur les intérêts de ce
dernier genre que la peuplade entière ou ses
représentants ont une juridiction légitime, et
que, s'ils s'immiscent dans les intérêts d'arrondissement, de commune ou d'individu, ils
excèdent leur compétence. Il en serait de même
de l'arrondissement qui s'immiscerait dans les
intérêts particuliers de la commune, ou de la
commune qui attenterait à l'intérêt purement
individuel de l'un de ses membres. »

Il ne faut pas croire cependant que, si les
droits de la commune et de la province doivent
être respectés, leur indépendance absolue
puisse leur être reconnue. Une telle indépendance, c'est-à-dire leur autonomie politique,
leur donnerait le moyen d'entraver la marche
de l'administration générale et de braver impu-
nément les ordres du pouvoir central, même à
l'égard des objets que la Constitution aurait
placés dans les attributions gouvernementales.
Ce ne seraient plus seulement les intérêts essentiellement communaux ou provinciaux qui seraient ici en jeu, ce seraient les intérêts géné-

raux du pays qu'on mettrait en péril. En d'autres termes, quand l'intérêt exclusif disparaît, lorsque les intérêts communaux se confondent avec les intérêts généraux, l'action du législateur doit s'exercer en toute liberté.

Pour empêcher les conseils locaux de sortir de leurs attributions, on place auprès d'eux un agent du pouvoir exécutif qui propose la sanction des décisions prises par ces conseils, lorsqu'elles ne blessent ni l'intérêt privé, ni l'intérêt général ou qu'elles ne sont pas contraires aux lois, mais qui demande le refus d'autorisation au pouvoir exécutif dans le cas contraire. Dans les communes, le maire, choisi au sein du conseil, autant que possible, est nommé par le pouvoir exécutif dont il est l'agent. Il transmet à la députation permanente du conseil de la province les décisions que celle-ci doit approuver.

Auprès des Conseils provinciaux est placé un représentant du pouvoir central, préfet ou gouverneur, qui n'a que des fonctions de surveillance. Il préside la commission permanente et transmet, avec son avis, les décisions du conseil aux ministres, quand elles doivent être sanctionnées par décret du Chef de l'État pour devenir exécutoires. Telles sont, en général, les précautions prises pour maintenir les conseils électifs dans les limites des attributions qui leur sont assignées par les lois.

VII

DE L'ORGANISATION COMMUNALE ET PROVINCIALE

Il s'agit de rechercher comment on peut concilier dans la commune et dans la province l'intérêt de l'Etat et l'intérêt local ; la sauvegarde de l'unité nationale et politique, et les droits du Gouvernement représentant cette unité avec l'exercice des franchises communales et provinciales.

Ce problème n'a été résolu jusqu'ici dans notre pays qu'au détriment de l'autorité ou de la liberté. En nommant, en effet, dans la commune ou le département, le pouvoir exécutif, le maire ou le préfet, l'Etat n'a abouti qu'à soustraire les habitants à la responsabilité et à la pratique des affaires auxquelles on devrait les assujettir. En abandonnant, au contraire, la nomination du maire à l'élection, l'Etat abdique sa souveraineté, compromet l'unité politique et affaiblit la puissance publique. Depuis que les maires sont élus, le Gouvernement n'est plus représenté pour ses intérêts essentiels, pour l'exécution des lois, pour l'administration générale, pour la sûreté et la police, pour les réquisitions militaires, etc., que par un agent qui lui est étranger et qui lui est souvent hostile.

Les institutions communales à l'étranger n'offrent pas ce double danger. Le maire ou le bourgmestre est toujours l'agent du Pouvoir central ; mais, nommé par le chef du Pouvoir exécutif, il n'est chargé que de la police et de la surveillance de l'exécution des lois. A côté de cet agent, et pour assurer l'exécution de tous les services municipaux, les municipalités choisissent dans leur sein une commission exécutive, présidée par le maire, entre les membres de laquelle cette surveillance est répartie. Ces membres reçoivent leur investiture du Gouvernement et sont, avec le maire, les représentants du Pouvoir central. Cette commission est ce qu'on appelle en Belgique, le « Collège du Bourgmestre et des Échevins » ; en Italie, la « Junte municipale » ; en Autriche, le « Comité permanent ou Comité exécutif ». Les bourgmestres ou les maires n'ont que les pouvoirs personnels d'agents du Gouvernement dans la commune pour les affaires de l'Etat. Pour celles de la commune, leurs fonctions ne consistent qu'à présider le Conseil municipal et le comité exécutif choisi par ce

Conseil. Les maires et les membres du comité exécutif peuvent recevoir un traitement.

Dans cette organisation si logique et si naturelle, le maire n'a plus le maniement exclusif des affaires de la commune, affaires beaucoup trop nombreuses d'ailleurs pour être efficacement suivies par un seul dans les centres importants. Dans les grandes villes, chacun des membres du collège, de la junte ou du comité exécutif, est chargé de la direction d'un service. à l'un, l'instruction, à l'autre, les travaux publics, au troisième l'assistance, à un quatrième les finances municipales, etc. Ce sont de véritables ministres qui, au sein du conseil, jouent un rôle absolument identique à celui que remplissent les ministres devant les Chambres.

De son côté, le conseil ne se borne pas à voter des fonds, à décider certaines questions ou de formuler des avis et des vœux. Il exerce, sous la surveillance du préfet ou du maire, l'entière administration de la localité et le droit de nommer aux emplois.

Les assemblées provinciales ont une organisation analogue. Elles nomment dans leur sein un comité exécutif, composé ordinairement de six membres, présidé par le préfet ou gouverneur qui est le représentant du pouvoir central et qui a voix délibérative. Ce comité est aussi une autorité délibérante qui supplée au conseil quand il ne siège pas. Il statue par voie d'arrêts et d'ordonnances sur les affaires qui lui sont soumises. Le gouverneur est chargé d'en assurer l'exécution.

Les membres du conseil provincial reçoivent une indemnité de route et de séjour pendant la session.

Les membres du comité exécutif reçoivent un traitement.

Le conseil prononce sur toutes les affaires d'intérêt provincial ; il nomme tous les employés provinciaux à l'exception de ceux dont il attribue la nomination au comité exécutif.

Le conseil fixe le taux des traitements et des pensions des employés salariés de la province ; il décide de la création et de l'amélioration des établissements publics de la province, autorise les emprunts, acquisitions et échanges de biens de la province, et les transactions relatives aux mêmes biens.

Le conseil statue sur la construction des routes, canaux et autres ouvrages publics à exécuter en tout ou en partie aux frais de la province. En cas de contestation entre deux ou plusieurs provinces, le gouvernement décide.

Il répartit entre les communes le contingent des contributions directes assigné à la province. Il prononce sur les réclamations et demandes en réduction qui lui sont adressées par les communes et, lorsqu'il n'est pas assemblé, le comité exécutif fait la répartition d'après les bases fixées par le Conseil et prononce leurs réclamations, sauf recours au conseil, etc., etc.

Chaque année, à l'ouverture de la session du conseil, le comité exécutif, dont les fonctions sont permanentes, fait au Conseil un exposé de la situation de la province sous le rapport de son administration, et cet exposé est publié. Il lui soumet les comptes des recettes et dépenses de l'exercice précédent avec le projet de budget des dépenses et des voies et moyens pour l'exercice suivant, ainsi que toutes les autres propositions qu'il croit utiles.

On voit que le comité exécutif remplit presque toutes les fonctions attribuées chez nous aux préfets et aux Conseils de préfecture, sauf leurs attributions contentieuses de ces derniers qui sont du ressort des tribunaux ordinaires.

Quant au gouverneur ou préfet, il veille au maintien de la tranquilité et du bon ordre dans la province, à la sûreté des personnes et des propriétés. Il dispose à cet effet de la force publique.

Il dirige et surveille les travaux des bureaux; le greffier du Comité exécutif et les employés des bureaux sont sous ses ordres. Il nomme et révoque ces derniers. Il veille à l'instruction préalable des affaires qui sont soumises au Conseil ou au Comité exécutif.

Il a le droit d'assister aux délibérations du

Conseil, de se faire assister de commissaires, d'être entendu quand il le demande et d'adresser au Conseil, qui est tenu d'en délibérer, tel réquisitoire qu'il trouve convenable. Le Conseil peut requérir sa présence.

Lorsque le Conseil ou le Comité exécutif ont pris une résolution qui sort de ses attributions ou blesse l'intérêt général, le préfet prend son recours au gouvernement. Ce recours suspend l'exécution de la résolution contestée jusqu'à décision de l'autorité centrale qui doit statuer dans un délai de 30 jours. Passé ce délai la résolution devient exécutoire.

On voit que, dans cette organisation tous les intérêts sont sauvegardés et que l'État, pour maintenir les Conseils électifs dans les limites des attributions qui leur sont accordées par les lois, est suffisamment armé.

Pour compléter la nouvelle organisation municipale, il est une excellente disposition qui existait autrefois et qu'il y aurait intérêt à rétablir, car elle donnait aux intérêts communaux de sérieuses garanties. Cette disposition, établie par la loi de finances du 15 mai 1818, décidait que les plus cotisés de la commune, en nombre égal à celui des conseillers municipaux, prendraient part, dans les communes ayant moins de 100.000 francs de revenus, à tout vote d'impositions extraordinaires ou d'emprunts. Il semble que, sous l'empire du suffrage universel, cette sage prescription devrait être étendue à toutes les communes.

« Ce système, dit M. Joseph Ferrand, (1) rendu nécessaire par la garantie qu'il y a lieu de donner aux intérêts dans lesquels l'État n'aurait plus à intervenir, éviterait tout reproche de privilèges ; il aurait en outre pour résultat de rapprocher les classes de la population et les habituerait, au grand avantage de la concorde, à penser et à agir en commun. »

Tels sont les principes généraux qui doivent être observés dans l'établissement des institutions communales et provinciales. En les appliquant, l'on verrait bientôt reparaître l'antique patriotisme des cités et renaître la vie provinciale. La discussion des assemblées locales et, surtout, des assemblées provinciales, formeraient des citoyens aussi instruits que les membres du Tiers-État de 1789 qui, préparés par la défense des intérêts locaux à la gestion des intérêts publics, ont régénéré la France et affranchi le monde.

(1) *Des institutions administratives de la France et de l'étranger.* Paris, Guillaumin et C⁰.

VIII

DE LA BUREAUCRATIE

Pour bien se convaincre de la gravité des abus administratifs que nous devons à la centralisation, il suffit de jeter un coup d'œil rapide sur l'organisation administrative des autres pays de l'Europe. Où nous entretenons DIX fonctionnaires, les Anglais, grâce au concours de l'initiative privée, n'en entretiennent qu'UN SEUL ; les Allemands, les Autrichiens, les Hollandais, les Belges et les Italiens que *quatre*. Cette proportion a dû augmenter, car depuis que M. Joseph Ferrand a établi ces chiffres, le nombre de nos fonctionnaires a presque doublé. En 1848 on en comptait 150,000, et l'illustre Berryer, en comparant ce chiffre à celui des fonctionnaires étrangers, déclarait à la tribune qu'il *était scandaleux*.

A la fin de l'Empire, ce *chiffre scandaleux* avait atteint 500,000. Diminué un peu par les sages mesures réclamées par la commission de décentralisation de l'Assemblée nationale de 1871, le nombre des fonctionnaires a repris sa marche ascendante après le Seize-Mai. Il atteint aujourdhui, assure-t-on, le chiffre fantastique de 900,000!! Que dirait aujourd'hui le célèbre orateur qui trouvait que 150,000 budgétivores étaient déjà la plaie vive du pays?

La décentralisation administrative, largement pratiquée chez nos voisins, a permis de rendre gratuits un certain nombre d'emplois.

En Angleterre, les membres du Parlement et de la Chambre des lords, les maires, les juges de paix, les *lords-lieutenants*, les *shérifs* ne touchent aucun traitement.

En Prusse, l'extension progressive de la gratuité à tous les emplois non techniques est un des objets qui fixent le plus l'attention du gouvernement. Le bourgmestre dans certaines villes, le *Schulze* dans un grand nombre de communes rurales, le *Landesdirector* dans la province, sont à peu près les seuls fonctionnaires rétribués. Mais, en ce qui concerne les deux premiers de ces fonctionnaires, l'assemblée communale peut, au moyen d'un nouveau statut approuvé, établir la gratuité. Les baillis, les membres des commissions de baillage, les membres des diètes, des cercles et de leurs commissions exécutives, ne reçoivent aucune rétribution.

En Autriche-Hongrie on observe des dispositions analogues. En Italie, les syndics, les membres des juntes communales, des députations provinciales, de la Chambre des députés, du Sénat, exercent gratuitement leurs fonctions. Le principe appliqué rigoureusement est que la gratuité des fonctions électives est considérée comme nécessaire pour parer aux inconvénients du vote.

La gratuité est moins générale en Hollande et en Belgique. Il est accordé un traitement régulier aux membres de leurs délégations provinciales; leurs conseillers municipaux sont même autorisés à s'allouer des jetons de présence; les bourgmestres et échevins peuvent être appointés, mais le tout sous la réserve de l'approbation supérieure.

« Dans tous les pays constitutionnels, le législateur évite aussi de donner aux délégués de l'État auprès des provinces des émoluments et un appareil exceptionnels, afin, d'une part, que le public ne s'exagère pas leur puissance et qu'il compte davantage sur sa propre initiative, enfin, de l'autre, que ces emplois ne deviennent pas un sujet de convoitises nombreuses, ardentes, et, par suite, de subversion.

« En Prusse, le traitement de l'*Oberpræsident* n'est que de 24.000 et de 21.000 francs ; celui de président de régence, de 15.000 et de 12.000 francs; celui de *Landrath*, de 5.500 et de 4.500 francs

En Italie, le traitement de préfet n'est que de 12.000, de 10.000 et de 9.000 francs. En Belgique, celui de gouverneur est de 16.000 et de 12.000 fr. En Hollande, celui de commissaire royal est de 17.000 et de 15.000 francs, etc. Nulle part, en Europe, l'installation des représentants du pouvoir central n'est aussi somptueuse qu'en France. » (1)

Les doctrines du parti libéral, qui sont celles du *Self Government*, sont essentiellement favorables à la suppression d'emplois rétribués et à la réduction des gros traitements. Un des écrivains de ce parti, M. Joseph Ebor, se faisait le défenseur de ce système dans les termes suivants :

« Dans toutes les nations il existe des citoyens qui, arrivés à la fortune, prennent du repos, ou qui, ayant une fortune héréditaire, désirent occuper leurs loisirs à faire profiter leurs concitoyens de leur lumière et de leur expérience ; ils consentent à occuper des fonctions si celles-ci ne sont pas rétribuées, si elles peuvent être remplies sans abaissement de leur caractère. Dans les pays de *self government*, les fonctions qui nous occupent leur sont réservées. Dire qu'il faut salarier tout service public pour faciliter les intelligences est une utopie, est contraire à la nature des choses ; c'est là un moyen employé

(1) Jh. Ferrand.

par la démagogie. Il procède de la confusion que l'on fait entre le protecteur et l'agent. Que celui qui n'a pas de fortune commence par en acquérir pour montrer sa capacité ; il peut, s'il a les aptitudes pour cela, servir l'État comme agent et économiser. Les services des agents sont grandement rétribués, ceux des protecteurs ne le sont pas : le salaire distingue ces deux catégories.

« Si cette mesure n'est pas présentée dans les premiers jours de la prochaine session, c'est que la nouvelle Assemblée ne comptera aucun libéral parmi ses membres. Son adoption n'aura lieu que sauf les droits acquis qui se convertiront en une indemnité pour les fonctionnaires qui y ont droit, soit dans le maintien de leur place ou dans l'occupation d'un autre emploi. Elle sera un frein aux ambitions malsaines. Le parti républicain est plus à même que les autres de la faire réussir, son parti comporte le personnel voulu ; elle sera appuyée par les royalistes, dont les traditions sont pour son exercice, et repoussée par les démagogues ou partisans de l'omnipotence populaire ou d'un seul avec l'appui de la multitude. » (1)

Il est admis à l'étranger un système de recrutement et d'avancement du personnel adminis-

(1) *Essais sur les réformes des institutions politiques de la France*, Guillaumin et Cⁱᵉ, 1877.

tratif qui a été inutilement réclamé par la commission de décentralisation de l'Assemblée de 1871. D'après ce système, une partie seulement des employés sont commissionnés et reçoivent une pension proportionnée aux retenues faites sur leur traitement. Les autres employés ne sont admis qu'à titre auxiliaire et ne sont payés qu'à la journée. Il faut en arriver à ce système pour diminuer les charges de l'Etat et assurer la prompte expédition des affaires.

Pour reconnaitre cette nécessité, il suffit de comparer ce que coûtait autrefois l'administration de la France à ce qu'elle revient aujourd'hui.

Le total des traitements civils qui était en 1852 de 153 millions (chiffre scandaleux d'après Berryer) arrive à 253 millions en 1870 et à 279 millions en 1876. Il dépasse aujourd'hui *400 millions* auquels viennnent s'ajouter 100 millions de solde des officiers.

Les pensions de retraite qui étaient de 78 millions à la fin de l'empire et atteignaient 100 millions en 1875, comme conséquence de la guerre, ont doublé depuis quatorze ans ; elles se chiffrent aujourd'hui par un total de *200 millions !* Il est temps de s'arrêter dans cette voie si l'on ne veut pas conduire le pays à la banqueroute.

Tous les membres des dernières Commissions du budget ont essayé de réagir contre ce flot

montant de la bureaucratie qui menace d'être
plus funeste à elle seule que les sept plaies
d'Egypte. Ils n'ont point voulu reconnaître une
vérité qui leur a été dite par le président du
Conseil d'alors, M. René Goblet : « la réforme
administrative n'est possible que par la décentralisation », et leurs efforts ont échoué piteu-
sement.

Et en effet, avec la décentralisation basée sur
l'agrandissement des divisions administratives
actuelles et la restitution aux communes et
aux provinces du droit de diriger leurs propres
affaires et d'administrer leurs biens, on supprime d'abord dans les administrations centrales tous les plumitifs qui s'occupent des
affaires communales et départementales, ainsi
qu'une grande partie de ceux qui s'en occupent dans les préfectures.

On supprime les deux tiers des préfets et des
sous-préfets, l'ancien département n'étant
devenu, avec le rétablissement de 28 provinces,
qu'un simple arrondissement.

En versant, comme en Belgique et ailleurs,
les recettes des percepteurs dans les succur-
sales de la Banque, on supprime les receveurs
particuliers et les trésoriers-payeurs généraux,
sans compter la suppression d'un grand nombre de percepteurs inutiles. En supprimant les
octrois, dont le maintien est désormais impos-

sible, on se dispense de l'entretien d'un personnel immense. En simplifiant notre système d'impôt pour répartir plus équitablement les charges publiques, que d'emplois encore ne supprimerait-on pas !

En chargeant les provinces d'entretenir les routes soi-disant nationales qui, depuis l'établissement des chemins de fer, ne sont plus que des chemins de grande communication, on supprimerait, en grande partie du moins, le corps des Ponts-et-Chaussées. Nous n'en finirions pas si nous pouvions énumérer toutes les économies qui résulteraient de la décentralisation, c'est-à-dire si l'État n'était plus obligé de se charger du règlement de toutes les affaires qui ne le concernent pas, et, si, notamment, il confiait tous les travaux qu'il dirige si mal et qui sont si coûteux à l'industrie privée. Décrire tous les abus et énumérer dans le détail toutes les réformes, cela nécessiterait un gros volume. Nous nous bornons à poser ce principe, partout observé ailleurs que dans notre administration prodigue et dépensière, qu'il faut supprimer rigoureusement toute dépense qui ne correspond pas directement à un service indispensable aux besoins du pays et proportionner les traitements aux services de ceux qui les reçoivent.

La manie de rechercher des places est ancienne dans notre pays, mais elle n'a jamais atteint les proportions qu'elle a prise sous le régime actuel. Stuart Mill en indique les causes dans les lignes qui suivent (1) :

« Il y a des peuples où la passion de gouverner autrui surpasse tellement le désir de l'indépendance personnelle, que les hommes sacrifieront volontiers la substance de la liberté à la simple apparence du pouvoir...

« Un gouvernement dont les pouvoirs et les attributions seraient strictement limités, dont on exigerait qu'il ne se mêlât pas de tout et qu'il laissât marcher les choses la plupart du temps sans prendre le rôle d'un tuteur ou d'un directeur, ce gouvernement ne plairait pas à un tel peuple. A ses yeux, les possesseurs de l'autorité ne peuvent guère trop entreprendre, pourvu que tous les citoyens puissent un jour ou l'autre arriver à l'autorité. Chez cette nation, un homme préférera en général la chance (si lointaine et si improbable qu'elle soit) d'exercer quelque portion de pouvoir sur ses concitoyens, à la certitude pour lui et pour les autres qu'on n'exercera sur eux aucun pouvoir inutile.

« Voilà ce qui constitue un peuple de coureurs de place — un peuple où la politique est déterminée principalement par la course aux places, où les contestations des partis politiques ne sont que des luttes pour décider si le droit de

(1) *Le Gouvernement représentatif*. Guillaumin et Cie.

se mêler de tout appartiendra à une classe au lieu d'une autre (peut-être à un groupe d'hommes publics au lieu d'un autre), où l'idée qu'on se fait de la démocratie est simplement l'idée d'ouvrir les fonctions publiques à tous et non plus à un petit nombre seulement, où enfin plus les institutions sont populaires, et plus on crée un nombre infini de places ; en conséquence, l'excès de gouvernement exercé par tous sur chacun, et par l'exécutif sur tous, devient plus monstrueux que jamais. »

Et Stuart Mill ajoute ironiquement :

« Il n'y aurait ni justice ni générosité à présenter ceci ou quelque chose d'approchant, comme un portrait tout à fait exact du peuple français. »

Si ce portrait n'était pas tout à fait exact à l'époque où le célèbre publiciste anglais écrivait ces lignes, on est forcé de reconnaître qu'il est aujourd'hui d'une rigoureuse exactitude.

Il n'y a que la pratique du *Self Government* qui puisse mettre fin à cette manie qui ruine le pays et démoralise les citoyens. Quand il y aura peu de places, et que celles qui seront rétribuées n'offriront que de maigres avantages, les quémandeurs seront bien obligés de renoncer à l'agréable perspective de gagner beaucoup en ne faisant presque rien et d'employer leur force et leur activité à des travaux ou à des œuvres utiles au pays.

DES ATTRIBUTIONS FINANCIÈRES DES DEUX CHAMBRES

Il nous reste à examiner sommairement une importante question qui a été et qui est encore fort controversée, celle du règlement définif des attributions financières des deux Chambres. Les conflits qui naissent assez fréquemment entre la Chambre et le Sénat, ainsi que le droit laissé à la Chambre de bouleverser de fond en comble les lois de finances présentées par le Gouvernement, sont une cause permanente de retards par suite des discussions sans fin auxquelles donne lieu chaque année le vote du budget.

Le mode généralement adopté, et notamment la coutume anglaise, laisse au cabinet le soin de proposer toutes les dépenses. Les Chambres n'ont que le droit de les refuser, réduire ou accorder, sans avoir le droit d'augmenter les crédits demandés ou d'autoriser de nouvelles taxes. Ce système est certainement plus conforme aux mœurs parlementaires que le droit absolu qui appartient aux Chambres françaises. Le système déplorable adopté par les membres des dernières commissions du budget, et qui consiste à vouloir opérer des réformes par voie budgétaire, est en France unanimement condamné.

Quant à la question de savoir à laquelle des deux Assemblées appartient le dernier mot en matières financières, elle ne peut recevoir de solution satisfaisante que par une modification de l'article 8 de la loi constitutionnelle du 24 février 1875.

Les membres de la Chambre soutiennent que le Sénat ne peut avoir en matière de finances qu'un simple droit de remontrance et que la Chambre peut et doit passer outre.

Cette prétention est absolument contraire au droit constitutionnel ; elle est également contraire à la raison et à la justice, car les membres du Sénat représentant le pays au même titre que les députés, et ils ne sont pas moins aptes que ces derniers à défendre ses intérêts. Admettre la prétention des députés serait prononcer l'abdication d'une assemblée qui joue un rôle essentiel dans l'organisation du régime parlementaire. Il y a d'ailleurs un moyen très simple de faire cesser les conflits qui peuvent naître entre les deux assemblées sur les questions financières. Ce moyen est en usage dans le grand-duché de Bade, dans le Wurtemberg, en Suède, etc.

L'article 60 de la Constitution du grand-duché de Bade est ainsi conçu :

« Chaque projet de loi sur les finances est présenté d'abord à la seconde Chambre et peut, seulement lorsqu'il a été voté par celle-ci, être porté à la première Chambre pour être accepté ou rejeté au total sans changement. »

Voilà le droit établi pour les représentants directs de la nation de discuter et d'adopter les lois de finances. L'article 61 règle, de la manière suivante, la manière d'empêcher les conflits :

« Lorsque la majorité de la première Chambre n'est pas d'accord avec la résolution de la seconde, alors les voix affirmatives et négatives des deux Chambres sont réunies, et la résolution des États est formée d'après la majorité des voix ainsi réunies. »

Ce procédé est le même dans les autres pays, sauf que la réunion des voix émises dans les deux Assemblées ne se fait qu'après une seconde délibération dans les deux Chambres.

Si ce procédé peut donner matière à de sérieuses critiques dans les pays où les membres de la première Chambre sont des privilégiés dont la nomination appartient au Pouvoir exé-

cutif, il est tout-à-fait conforme au droit constitutionnel dans les pays où les deux Chambres
représentent la nation, quoique le système électif
soit différent pour chacune d'elles.

Pour compléter cette revue rapide des modifications qu'il convient d'apporter à notre régime
parlementaire, il est une autre question qu'il
faudrait examiner, celle du mode de suffrage ;
mais elle a trop d'importance et exigerait de trop
longs développements pour que nous puissions
l'aborder ici. Nous nous réservons d'y revenir
plus tard, car nous pensons que, sans porter
atteinte au principe du suffrage universel, il est
indispensable d'en modifier le fonctionnement
pour le mettre en harmonie avec l'ensemble des
institutions parlementaires.

CONCLUSION

« Si le parlementarisme fonctionne mal en
France, disait dernièrement M. Francis Ma-
gnard (1), si tous les ressorts de la machine
y sont faussés, c'est précisément parce que le
Parlement n'a jamais été d'accord depuis dix-
huit ans sur la forme même du gouvernement,
et parceque beaucoup de ses membres voient
dans tout incident la possibilité de la remettre
en question. »

Rien n'est plus vrai que l'observation de
l'honorable directeur du *Figaro* ; il aurait pu
ajouter que les élections générales se font également sur le même objet, et que la France est
le seul pays où la forme du gouvernement soit
mise éternellement en question. Or, comment
nos voisins sont-ils parvenus à donner à leurs
institutions la stabilité qui manque aux nôtres ?
C'est ce qu'il fallait examiner et c'est ce que nous
avons fait.

Cet examen nous a fait voir du premier coup

(1) Le *Figaro*, numéro du 15 novembre 1889.

d'œil que la Constitution de 1875 est dangereuse
parcequ'elle est incomplète et qu'elle ne renferme
qu'une ébauche informe du régime parlementaire. Elle n'a donné d'indépendance réelle qu'à
un seul pouvoir, celui qui est le plus dangereux
pour la stabilité gouvernementale, le pouvoir
législatif ou plutôt la Chambre dont la majorité
est formée au hasard du Suffrage universel. Il
n'y a donc pas lieu de s'étonner qu'une telle
organisation, considérée d'ailleurs par ses
auteurs eux-mêmes comme une œuvre essentiellement provisoire, livre la forme du gouvernement, imparfaitement garantie à dessein, aux
attaques et aux entreprises de tous ses adversaires. On l'a bien vu au lendemain du vote de
la Constitution. Si les auteurs du 16 mai avaient
réussi à faire nommer une Chambre où les
républicains eussent été en minorité, la majorité
du Sénat leur étant acquise, les deux Chambres,
aux termes de l'article 8 de la loi constitutionnelle, pouvaient se réunir en Congrès et,
sans daigner consulter le pays, renverser la
République et confisquer nos libertés les plus
essentielles.

Cet article consacre, en effet, une mesure qui
est une audacieuse atteinte au principe de la
souveraineté nationale. Qu'on en juge par la
façon dont il règle le droit de revision :

« Les Chambres, dit l'article 8, auront le droit
par délibérations séparées, prises dans chacune

d'elles à la majorité absolue des voix, soit spontanément, soit sur la demande du Président de la République, de déclarer qu'il y a lieu de reviser les lois constitutionnelles.

« Après que chacune des deux Chambres aura pris cette résolution, elles se réuniront en Assemblée nationale pour procéder à la revision.

« Les délibérations portant revision des lois constitutionnelles, EN TOUT OU EN PARTIE, doivent être prises à la majorité absolue des membres de l'Assemblée nationale. »

Dans aucun pays on ne trouvera ce droit exorbitant attribué au Parlement de modifier EN TOUT la Constitution, c'est-à-dire de changer la forme du gouvernement, restreindre ou anéantir les libertés essentielles qui forment la base du droit public et modifier plus ou moins complètement les institutions.

Les modifications constitutionnelles, considérées comme infiniment plus importantes qu'un acte ordinaire du pouvoir législatif, sont entourées de formes solennelles attestant, d'un côté, que l'innovation a été l'objet d'un examen approfondi, de l'autre qu'elles ont été provoquées par le vœu de la nation ; malgré cela le corps électoral est encore consulté. Aussitôt que les Chambres ont décidé qu'il y a lieu de reviser sur un point la Constitution, elles sont démissionnaires de plein droit. L'élection des Chambres se fait sur le point en question afin que le pays puisse manifester sa volonté suprême sur les modifications qu'on se propose d'introduire dans le pacte fondamental.

D'autre part, la décision des Chambres n'a force de loi qu'à la condition de réunir les deux tiers ou les trois quarts des voix des membres présents, tandis que l'Assemblée nationale peut statuer en France à la majorité absolue des membres qui composent cette Assemblée.

Il y a dans l'article 8 un danger qu'il faut se hâter de faire disparaître en conformant sur ce point notre législation à celle des autres pays.

La France, depuis un siècle, a été troublée par tant de révolutions, les théories gouvernementales ont tellement égaré les esprits, un si grand nombre de Constitutions ont été essayées sans succès, qu'on a perdu toutes les notions des garanties constitutionnelles qui assurent la stabilité et la marche régulière du Gouvernement dans un pays libre. Le pacte fondamental qui est partout ailleurs la formule écrite d'un organisme politique complet, et qui est mis à l'abri de toutes les attaques, parce qu'il est l'expression de la volonté nationale, est considéré chez nous comme un acte provisoire qu'on peut déchirer à la première occasion. On a soutenu dans la presse et dans des discours politiques qu'une Constitution n'est bonne que selon l'usage qu'on en fait, et quelqu'un a appuyé cette assertion sur les paroles suivantes de Daunou : « La meilleure Constitution est celle qu'on a, pourvu qu'on s'en serve ».

De pareilles affirmations accusent chez ceux qui les formulent un scepticisme déplorable ou l'ignorance complète des principes les plus élémentaires du droit constitutionnel.

Quand une loi est impuissante à réprimer les délits et les crimes, ou lorsqu'elle lèse les intérêts d'autrui, on la change. Or, les lois qui nous tiennent lieu de Constitution, ne lèsent-elles pas les droits du peuple et ne sont-elles pas impuissantes à faire rentrer dans l'ordre les députés qui, de l'aveu de M. Léon Say et de M. Jules Ferry, étendent leurs attributions au-delà de leurs droits ? Où ces hommes d'Etat nous fournissent-ils la preuve que la Chambre nouvelle se conduira autrement que ses aînées ? Qui nous garantit que la majorité ne mettra pas la main sur l'administration, sur la justice, et qu'elle respectera les droits de la minorité ? Tout porte à croire au contraire qu'elle n'abdiquera pas des droits dont la possession lui paraît légitime. N'y a-t-il pas lieu, dès lors, d'empêcher ses empiètements en délimitant ses attributions par une organisation nouvelle des pouvoirs publics ? Or, cette délimitation ne peut se faire que par la révision des lois de 1875 qui n'offrent au pays que des garanties insuffisantes.

L'article 16 de la Déclaration des Droits de

l'Homme définit en ces termes le caractère de la
Constitution :

« Toute société où les droits ne sont pas ga-
rantis ni la séparation des pouvoirs déterminée,
n'a point de Constitution. »

Or, on ne trouve pas aujourd'hui dans nos lois
la garantie constitutionnelle de notre droit
public. Nous ne possédons nos droits et nos
libertés qu'à titre précaire puisqu'ils ne figurent
pas dans la Constitution ; écrits seulement dans
nos codes, ils peuvent être modifiés et même
supprimés selon les fantaisies et les variations
du législateur.

Quant à la séparation des pouvoirs, nous
avons déjà démontré qu'elle n'existait pas.

Aucune des conditions stipulées par l'article 16 n'étant remplies, on peut dire que la
France n'a point de Constitution.

A la première page d'une brochure publiée
en 1884 (1), M. Bozérian reconnaissait cette
vérité en ces termes :

« Quand on parle de reviser la Constitution,
on parle de reviser une chose qui nominalement
n'existe pas. »

Il n'est donc pas de besogne plus urgente
pour le Parlement que celle de combler les
lacunes qui existent dans nos lois constitu-

(1) *Etude sur la revision de la Constitution* (E. Plon,
Nourrit et Cie).

tionnelles pour compléter l'organisation du régime parlementaire. Ce n'est qu'à cette condition qu'on pourra pacifier le pays et consolider la République.

Nous ajouterons que jamais les circonstances n'ont été aussi favorables. De guerre las, les adversaires du régime actuel paraissent disposés à désarmer et à se rallier à la République. Ils ne mettent qu'une condition à leur adhésion, — et cette condition ne devrait pas, en vérité, avoir besoin d'être posée sous un régime qui doit assurer à tous une égale protection, — c'est qu'on tienne compte de leurs besoins, de leurs croyances et de leurs intérêts. Or, les garanties qu'ils réclament ne peuvent leur être assurées que par une Constitution qui, après avoir fixé les principes du droit public, règle l'organisme complet des institutions politiques sur la base des principes que nous avons indiqués, comme l'ont fait les Anglais, les Suisses, les Américains, les Belges et la plupart des autres nations qui doivent à la pratique du *self-government* leur grandeur et leur prospérité.

Pour comprendre la nécessité d'appliquer ce système de gouvernement, il suffit de jeter les yeux sur l'histoire du siècle qui vient de s'écouler : Monarchie, Assemblées, Républiques, Empires, Royauté légitime ou constitutionnelle, tout s'est effondré, et le gouvernement actuel menace de s'écrouler comme ceux qui l'ont précédé. Une chose seule reste éternellement debout : ce sont les principes de 1789. Se décidera-t-on à les appliquer ? Comprendra-t-on enfin que, pour être sortis de la voie qui nous a été tracée par les hommes de 1789, nous avons subi dix-huit constitutions ou actes additionnels (1), trois révolutions et autant d'invasions ? Que nous avons une dette qui va bientôt atteindre trente milliards, et que notre armée, notre marine et l'administration coûtent annuellement près de deux milliards ?

Pour compenser ces désastres inouïs et ces dépenses fabuleuses, nous ne jouissons même pas des libertés que nous avons données à nos voisins ; nous ne possédons ni les libertés communales et départementales ni la liberté de réunion et d'association. Au lieu d'être libres, nous subissons le joug le plus honteux et le plus humiliant, celui de la bureaucratie, c'est-à-dire du servilisme et de la médiocrité. A la place du régime de liberté qui nous a été légué par nos pères de 1789, nous n'avons, en dépit de son étiquette, qu'un gouvernement autoritaire

(1) 3-14 septembre 1791 ; 24 juin 1793 ; vendémiaire an II ; 5 fructidor an III ; 19 brumaire an VIII ; 22 frimaire an VIII ; 16 thermidor an II ; 18 mai 1804 ; 9 août 1807 ; 4 juin 1814 ; 22 avril 1815 ; 6 août 1830 ; 4 novembre 1848 ; 2 décembre 1851 ; 14 janvier 1852 ; constitution Rivet ; constitution du septennat ; constitution du 25 février 1875.

indigne d'une nation qui a donné à toutes les autres le signal de l'affranchissement.

« Il existe, a dit M. Joseph Ebor, deux espèces de gouvernements autoritaires : celui régi par le despotisme personnel et celui par le despotisme légal.

« Dans le premier, les trois pouvoirs et l'administration sont réunis. Le souverain nomme, révoque les fonctionnaires et apprécie leurs actes et leur responsabilité.

« Les principaux caractères distinctifs du second sont : les trois pouvoirs sont séparés, mais plutôt de nom que de fait. La loi est souveraine ; elle crée le droit. L'un des pouvoirs cumule ou domine les autres. La pluralité de juridiction existe ; la légalité des actes administratifs, c'est-à-dire les contestations entre les gouvernants et les particuliers, est appréciée par leurs auteurs, leurs supérieurs ou les délégués de ces derniers. L'autorité agit et pense pour tous ; elle ne peut être entravée dans ses actes (1). »

Ce sont bien là les défauts qui caractérisent le Gouvernement actuel et qu'il faut corriger en faisant disparaître les derniers vestiges des institutions de l'an VIII créées pour l'exercice du despotisme. On a pu se convaincre que, quelles que soient les opinions des hommes qui ont fait

_____

(1) *Essai sur les réformes, des institutions politiques de la France*, Guillaumin et Cⁱᵉ, 1877.

mouvoir l'engrenage administratif, il a toujours
eu pour résultat d'étouffer les initiatives, de
froisser les intérêts et de paralyser les libertés.
Les nombreux ministres qui se sont attelés à
cette ingrate besogne, sans en excepter les ministres radicaux, ont fait ressortir cette vérité
avec une évidence qui devrait frapper les yeux
des moins clairvoyants.

Il n'est donc plus permis d'hésiter. Il faut renoncer à poursuivre l'application de ce régime
bâtard dans lequel on essaie vainement depuis
un siècle, au prix de tant de ruines, de guerres
sanglantes et de révolutions, de combiner des
instruments de tyrannie avec des institutions
libres. S'obstiner dans cette voie serait une
odieuse trahison envers la Patrie dont on sacri-
fierait ainsi les intérêts les plus sacrés.

L'agitation qui s'est récemment produite ac-
cuse un mécontentement dont il serait dangereux de méconnaître la signification ; or, nous
ne voyons qu'un moyen de mettre fin à cette
agitation et de calmer ce mécontentement, c'est
de remplacer les institutions autoritaires par
des institutions libérales qui, à en juger par
l'expérience, sont les seules qui puissent
rallier sur le terrain de la République tous les
amis de la liberté, tous les véritables patriotes
prêts à faire le sacrifice de leurs préférences
monarchiques ou de leurs idées révolutionnaires à la grandeur et à la prospérité de la France.

La pratique sincère du régime parlementaire organisé sur ses véritables bases, et débarrassé des obstacles qui paralysent son action, aurait pour résultat infaillible de consolider la République, car elle amènerait la dissolution des partis, en ralliant autour du Gouvernement la masse des gens honnêtes qu'effraient les utopies et qui détestent les révolutions ; de tous ceux qui, en un mot, estiment que le moment est venu de terminer la révolution et d'assurer enfin aux Français la paisible possession des libertés qu'ils ont conquises au prix de tant de sang et de sacrifices.

FIN

EXTRAIT DU CATALOGUE

De la Suppression des Octrois et de leur remplacement, avec un résumé des Taxes communales établies en Belgique, par A. GUIGNARD. 1 vol. in-8. Prix 6 fr.

La Démocratie et le Régime parlementaire. Étude sur le régime corporatif et la représentation des intérêts, par ADOLPHE PRINS, inspecteur général des prisons, professeur à l'Université de Bruxelles. 2ᵉ édition avec une préface de M. EMILE DE LAVELEYE. 1 vol. in-8. Prix ...... 4 fr.

La Démocratie, par J.-G. COURCELLE-SENEUIL, membre de l'Institut. Broch. in-8. Prix .... 1 fr.
(Extrait du *Journal des Économistes*, 15 Août 1887.)

Essai de Réforme constitutionnelle 1887. 1 vol. in-8. Prix .... 3 fr.

Les électeurs purs et candidats. — Les élus constituants. — Législateurs et Censeurs, par LOUIS-JACQUES ALLARD. 1 vol. in-18. Prix .... 3 fr.

Le Rôle de la Liberté de la Presse, par DUPONT-WHITE. Broch. in-8. Prix .... 1 fr.

Le Suffrage universel, par LE MÊME. Broch. in-8. Prix .... 1 fr.

La Politique sociale en Belgique, par A. BECHAUX, professeur d'Économie politique à la faculté de droit de Lille. Broch. in-8. PRIX .... 1 fr. 50

Traité de la Science des Finances, par M. PAUL LEROY-BEAULIEU, membre de l'Institut, professeur au Collège de France, 2ᵉ édition. 2 forts volumes in-8. Prix .. 25 fr.

Paris. — Imp. H. MOREL, 19, Faubourg Saint-Denis.

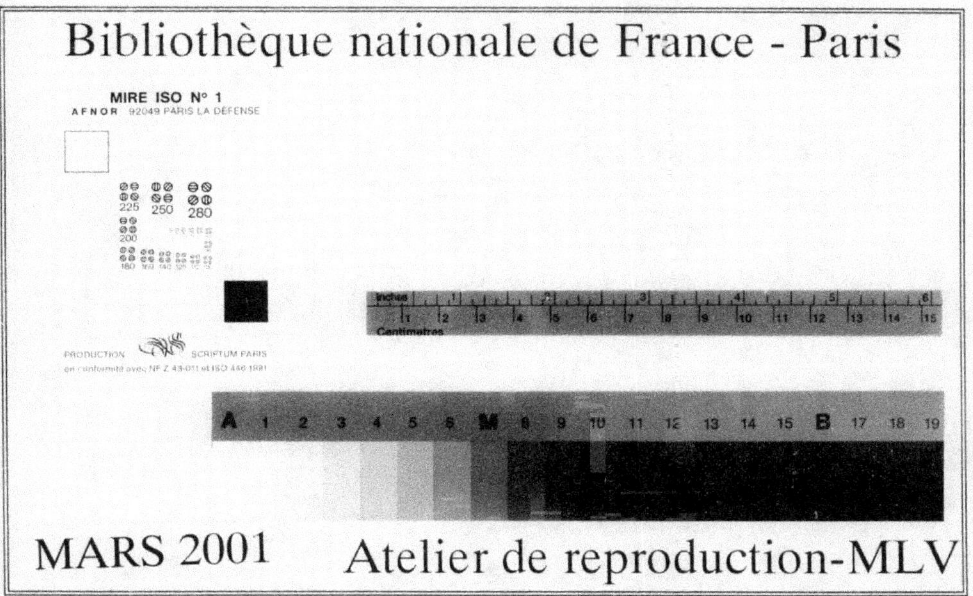